pélican poche
Cuba

© 2003 Les Créations du Pélican / VILO
ISBN : 2 7191 0596 1
Dépôt légal : 1er trimestre 2003
Siège social : VILO, 25 rue Ginoux - 75737 Paris cedex 15 - Tél. : 01 45 77 08 05 - Fax : 01 45 79 97 15
Direction éditoriale : Jean-Michel Renault - 826, av. du Pr-Emile-Jeanbrau - 34009 Montpellier
Tél. : 04 67 02 66 02 - Fax : 04 67 02 66 01
Maquette : Jean-Michel Renault - Cartographie : Christophe Houlès
Compogravure : Photogravure du Pays d'Oc - Montpellier/Nîmes
Imprimé en Union Européenne sur les presses de Beta

Consultez notre catalogue par l'Internet : www.livre-en-ligne.com/pelican

pélican poche

Cuba

Textes : Hélène Leprisé
Photos : Philippe Giraud

les créations du
Pélican

Sommaire

Une nature généreuse 12

HISTOIRE

Une histoire sous domination étrangère 18

Cuba avant Christophe Colomb 18
Le temps des conquistadores 18
Contre pirates, petite fortune 20
Une économie de plantations sous le joug de la Métropole 20
À la recherche de l'indépendance ...21
L'indépendance ou la mort, première et seconde parties 22
Le grain de sel américain dans la poudrière cubaine 26
Le goût amer du joug américain 26
Batista, aller et retour 30
Quand Castro paraît 31
Les temps héroïques de la sierra Maestra 31
1959, l'année décisive 34
Divorce à l'américaine et coup de foudre cubano-soviétique 35
L'égalité contre la liberté 35
Vent glacial sous les tropiques 37
"Plusieurs Vietnam" 38
Vers le socialisme 39
L'institutionnalisation du pouvoir ...42
Les volte-face castristes 44

Fidel Castro 48

SOCIÉTÉ

Une économie qui reprend son souffle 53
Des transports épiques 63
L'empire des havanes 72
Un peuple haut en couleur 86

Les arts dans tous leurs états

La littérature 110
Sur les traces de "papa" 114
La peinture 120
Le cinéma 123

LA HAVANE ET SES QUARTIERS

Histoire 125
La Habana Vieja 137
Le centre 142
Le Malecón et le Vedado 156
La place de la Révolution et le cimetière C. Colomb 160
Miramar 162
Le Castillo del Morro 162

LES ENVIRONS DE LA HAVANE

Regla 165
Guanabacoa 165

L'OUEST

Las Terrazas 168
Soroa 168
Pinar del Río 170
Viñales 170
Le mur de la préhistoire 171
La grotte de l'Indien 172
La grotte de Saint-Thomas 172

MATANZAS, VARADERO, CÁRDENAS

Matanzas 180
Varadero 181
Cárdenas 186

LES PROVINCES DU CENTRE-OUEST

La péninsule de Zapata 188
Guamá 188
La lagune du Trésor 189
La baie des Cochons 196
Cienfuegos 197
Santa Clara 199
La sierra del Escambray 204
Trinidad 206
La vallée de Saint-Louis 219

LE CENTRE, PAYS DES RANCHS ET DES CHAMPS

Sancti Spiritus 225
Camagüey 225

LES PROVINCES DU CENTRE-EST

Holguín 231
Bayamo 233
La sierra Maestra 233
La route du littoral 234

L'EST

Santiago de Cuba, l'autre capitale ..239
Le chemin de croix révolutionnaire .246
Guantánamo et Baracoa 248

LES CAYOS ET L'ÎLE DE LA JEUNESSE 262

CUBA PRATIQUE 268

Remerciements 280

Une nature généreuse

Le plus grand archipel des Antilles

Finissant l'arc caraïbe au nord, à moins de 180 km de la Floride et 210 km du Mexique, l'archipel cubain, avec ses 114 524 km², représente près de la moitié de la superficie des Antilles. *"Long crocodile vert, avec des yeux de pierre et d'eau"* selon la célèbre métaphore du poète cubain Nicolás Guillén, l'île principale s'étale sur 1 250 km d'ouest en est et seulement 80 km en moyenne du nord au sud (191 km au maximum, 31 km au minimum). L'île de la Jeunesse (anciennement île des Pins) située au large de la province de Pinar del Río, compte 2 200 km², soit, pour vous donner une échelle de grandeur, plus que la Guadeloupe. Enfin, quelque mille six cents petites îles coralliennes – appelées *cayos* – apportent contre vents et marées leurs 1 515 km2 au territoire national : les archipels de Los Colorados, Sabana, Fragoso et Camagüey ourlent la côte atlantique, tandis qu'au sud, ceux de Los Canarreos et Los Jardines de la Reina ponctuent la mer des Caraïbes.

Une alternance de plaines et de montagnes

Les plaines couvrent les deux tiers du paysage cubain. Cette prédominance tient à l'importance des régions affaissées à partir du début du Tertiaire, aux nombreuses submersions du Secondaire et du Tertiaire et à l'absence de volcanisme récent.
Dans la province occidentale de Pinar del Río, le relief est marqué par la cordillère de Guaniguanico, parallèle au littoral nord. On notera, à son extrémité orientale, le phénomène de "karstification" qui laisse des traces volcaniques ou granitiques spectaculaires, les fameux *mogotes* à la beauté fantasmagorique. Au sud s'étendent de vastes plaines plongeant dans des terrasses marines étagées. Les provinces de La Habana et Matanzas sont constituées de collines de 300 à 400 mètres d'altitude au nord et de la fertile Llanura roja (Plaine rouge) au sud. Dans ses sols décalcifiés affleurent par endroits des chicots rocheux, *dientes de*

La vallée de Viñales.

perro (dents de chien). Enfin, la péninsule de Zapata sur la côte caraïbe abrite d'énormes marais frangés de palétuviers. *"Mais ici, je ne voyais que des étendues d'une végétation à ras du sol, enchevêtrée, interrompue de place en place par d'épais rideaux de ronces et de marabré, tendus entre des palmiers et des almacigos au tronc couvert d'une mince écorce cuivrée, avec quelques yagrumas dont le vent balançait perpétuellement les panaches au-dessus des fouillis enchevêtrés d'en bas."* Alejo Carpentier, *La danse sacrale*, Gallimard

Le centre de l'île, partagé entre les savanes de Manacas, la plaine de Cienfuegos et la cordillère de Las Villas, est dominé au sud par les sierras de l'Escambray et du Saint-Esprit. Le pico San Juan (1 156 m) est la cime la plus élevée du massif.

La grande province de Camagüey est également une mosaïque d'unités naturelles, de la plaine de la Trocha à la sierra de Cubitas.

Enfin, dans les provinces orientales, on distingue trois types de relief : la sierra Maestra atteignant 1 974 mètres au pico Turquino ferme la fosse de Bartlett, elle est secouée périodiquement par des séismes ;

À droite : à l'ombre de la terrasse d'un bohío. Ci-dessous : champs de canne à sucre dans les environs de Guardalavaca.

La Playa del Este à La Havane.

la plaine du Río Cauto descend jusqu'à la baie de Guantánamo ; le plateau de Baracoa et la sierra de Cristal forment deux massifs montagneux complexes.

De coraux en lagons

La plate-forme continentale de Cuba s'étend sur 70 000 km, bordant d'assez près la côte septentrionale, mais contournant d'une bonne centaine de kilomètres le littoral méridional. Dans le périmètre de la grande île, les fonds oscillent entre cent et deux cents mètres de profondeur. En revanche, ils n'excèdent pas les vingt mètres autour des *cayos*, d'où la transparence des eaux… Cette vaste plate-forme se termine au sud-ouest avec les fosses de Bartlett (– 6 950 m) et d'Oriente (– 7 243 m). Autre particularité heureuse pour le touriste, Cuba est enserrée dans une barrière corallienne. La barrière de Camagüey, longue de quatre cents kilomètres, est la seconde du monde après celle de l'est de l'Australie.

Directement à proximité des côtes, une caille cerne bien souvent les plages formant ainsi de tièdes et calmes lagons. Cette description physique de l'île serait incomplète si l'on omettait de mentionner les innombrables plages éparpillées sur son pourtour, les criques perdues, les *bolsas* (baies en forme de goulot de bouteille), les baies plus ou moins célèbres…

Un climat subtropical insulaire idéal

Grâce à sa silhouette élancée, Cuba bénéficie tout entière des alizés marins et de leur influence modératrice. À proximité du Gulf Stream, ses eaux oscillent entre 26 et 30 °C en fonction de la période.

On distingue deux saisons : la saison sèche *(verano)* de novembre à avril qui peut être marquée par des vagues de froid (jusqu'à 10 °C) venues du Mexique et la saison humide *(invierno)* de mai à octobre avec un intermède estival moins pluvieux. Les températures s'échelonnent entre 21 °C en moyenne fraîche et 27 °C en moyenne chaude.

La carte de la pluviosité suit de près celle du relief, puisque les régions les plus élevées et exposées aux vents du nord-est reçoivent de deux à trois mètres de pluie chaque année contre moins d'un mètre vingt pour les *cayos*, la côte de Camagüey, les plaines orientales sous le vent ou la baie de Guantánamo.

Comme dans toute la région, un seul inconvénient majeur lèse Cuba : l'éventualité des ouragans et cyclones. Ils sévissent presque exclusivement en septembre et octobre et remontent du golfe du Honduras vers la Floride. Flora, en 1963, fut un des plus dévastateurs.

Des ríos multiples mais modestes

Climat et relief se sont mis d'accord pour engendrer à Cuba un réseau hydrographique dense. On recense ainsi plus de deux cents cours d'eau, qui s'apparentent plus souvent à des rus et ruisseaux qu'à des rivières. Citons toutefois le Río Cauto à l'ouest (370 km) et le Río Sagua la Grande au centre (163 km). Quelques cascades, rivières souterraines, sources thermales, lagunes et lacs, naturels ou artificiels, finissent le chapitre eau douce.

Un univers végétal riche marqué par la main de l'homme

Difficile aujourd'hui d'imaginer Cuba telle qu'elle dut apparaître à Christophe Colomb. Chaque parcelle de l'île est, dès le XIXe siècle, soumise à une exploitation systématique. Ainsi, si en 1812, 90 % du territoire est encore boisé (les essences précieuses sont légion : acajou, cèdre, gaïac, bois de fer, poirier, teck et, plus spécialement cubains, le Vijaguara de Fuego, le Majagua Azul, le Hueso de Tortuga…), ce pourcentage tombe à 54 % en 1900 pour n'être plus que de 14 % en 1959 ! Depuis la révolution, une politique de reforestation (eucalyptus et pins) a porté ses "fruits" : 43 % de la région de Pinar del Río est aujourd'hui plantée d'arbres.

Le paysage cubain est avant tout un interminable tapis vert ondulant sous la brise, marque de l'emprise insatiable de la canne à sucre, à peine agrémenté par endroits de plantations de caféiers, citronniers, orangers, et bordé du vert tendre et léger des rizières. La nature, elle, est reléguée à quelques zones spécifiques, le littoral et la péninsule de Zapata recouverts de mangroves (palétuviers, mangliers, raisiniers…), les pinèdes (pins de Cuba, pins occidentaux, pins des Caraïbes) surtout dans la province de Pinar del Río, la forêt tropicale humide sur la Meseta de Baracoa et enfin la végétation subaride, type mexicain (cactus et arbustes), sur les flancs sud de la sierra Maestra et autour de la baie de Guantánamo. Cette gamme variée de paysages végétaux explique la multitude d'espèces recensées, huit mille au total.

Une place à part doit être accordée aux palmiers de toutes sortes – ils seraient soixante-dix millions à pousser un peu partout sur l'île, au bord des plages, dans les jardins publics, le long des routes, aux pieds des sierras… Sur les soixante variétés présentes à Cuba, le plus grandiose est bien le *Roystonea regia* ou palmier royal, élu d'ailleurs arbre national, le plus rare et "chevelu" est le préhistorique *Hyerocycas calocoma*, le plus drôle est le *barrigona* avec son tronc bedonnant surmonté d'une houppette.

À Cuba, le palmier n'est pas simplement décoratif. Chaque produit de l'arbre est utilisé : les feuilles pour les toits des *bohíos*, maisons traditionnelles locales, le tronc pour les murs et clôtures, les fruits pour la nourriture des gros cochons noirs, l'écorce *yagua* souple et imputrescible pour la conservation du

Coupeurs de canne à sucre et scène de labour en période spéciale.

tabac et les cloisons et, enfin, le cœur, *palmito*, pour de délicieuses salades. Autre arbre symbole du peuple cubain, le *yagruma*, avec ses grandes feuilles vert foncé d'un côté, et blanches de l'autre. Côté fleurs, le voyageur sera émerveillé par la profusion de dame Nature. Quel Européen peut imaginer la fluorescence des bougainvillées, la profondeur bleutée des jacarandas, le jeu de couleurs des hortensias, la blancheur odorante de la mariposa ? Ou encore l'explosion rouge ou jaune des flamboyants, la sophistication orangée des tulipiers, l'omniprésence des lauriers-roses chargés de fleurs ?

Le refuge des oiseaux et des reptiles

Cuba a été colonisée par l'homme et le monde animal n'est pas sorti indemne de cette conquête. Un séjour sur l'archipel offre donc peu d'occasions de rencontres impromptues avec la faune. Ne vous attendez pas à tomber nez à nez avec quelque bête féroce au détour d'un chemin. En revanche, si vous vous rendez sur un *cayo* au lever ou au coucher du soleil, soyez prêt à une attaque en règle des moustiques.

En dehors des sept mille insectes différents (dont de superbes papillons, de voraces moustiques et de stridulantes cigales), l'archipel accueille trois cent quatre-vingt-huit espèces d'oiseaux. Grande volière à ciel ouvert, elle compte parmi elles le *tocororo* aux couleurs chamarrées, le *zun-zun*, le plus petit colibri du monde, le perroquet cubain (*ferminia*) et le pivert royal. Les chasseurs invétérés trouveront leur bonheur sous la forme de palombes, bécasses, canards sauvages et faisans dans les réserves de la province de Pinar del Río. Quant aux romantiques, ils pourront admirer au bord des *cayos* des nuées de flamants roses, goélands, gariotas, et pélicans ou s'extasier de la grâce du héron bleu comme posé sur l'eau tranquille. Le matin, en ville, ne soyez pas surpris d'être réveillé par les roucoulements des tourterelles et pigeons ou même le chant d'un coq !

Autre classe animale importante : les reptiles. Sur les quatorze espèces de serpents cubains, aucune n'est venimeuse. Un phénomène étrange qui ne cesse d'interroger les zoologues. À noter, la taille plus que respectable de certains boas : trois mètres. Et, pour les amateurs de sensation forte, la péninsule de Zapata regorge de crocodiles. Enfin, iguanes, lézards verts, lézards de sable et caméléons abondent ; certains sont plus discrets que d'autres…

Les grands mammifères sauvages sont assez rares : quelques sangliers et daims à l'ouest, des zèbres sauvages sur les îles de la côte nord, des singes dans les forêts, et des lamantins dans les marais de la péninsule de Zapata.

La nuit cubaine est habitée de grenouilles (la minuscule rainette *Sapito*) et crapauds-buffles aux croassements incessants et de chauves-souris aux vols élégants.

Poissons, coquillages et crustacés

Avec sept mille kilomètres de littoral, Cuba est un empire maritime jouissant d'une richesse aquatique à nulle autre pareille. Séquence émotion donc, à quelques dizaines de mètres de la plage, au-dessous du niveau de la mer. Avec masque et tuba, découvrez la magie fluide, transparente et multicolore de ce royaume du silence étincelant de mille et une vies : minuscules poissons tropicaux, étoiles de mer, coraux aux formes bizarroïdes, oursins violacés, méduses en voile de mariée, coquillages, raies manta ondulantes, barracudas à la gueule féroce, fiers espadons, thons et maquereaux comestibles, dauphins, marlins si chers au cœur du regretté Hemingway, pieuvres, tranquilles tortues… et requins en chasse. Et, bien sûr, les délicieuses langoustes, les moules géantes de la mangrove, les calmars prêts à frire et les crabes qui détalent sur la route du littoral entre Cienfuegos et Trinidad.

Cayo Saétia.

Perroquet et flamant rose.

Histoire

Une histoire sous domination étrangère

Cuba avant Christophe Colomb

Des découvertes archéologiques permettent de dater l'occupation de l'île à trois mille cinq cents ans avant Jésus Christ. Les premiers habitants, les Siboneyes et les Guanajuatabeyes, sont des peuples nomades vivant de la chasse et de la pêche. À partir du XIIe siècle de notre ère, un nouveau groupe venant d'Amérique du Sud, les Taïnos, sédentaires, s'installent principalement au sud-est de l'île. Leur culture est plus développée : ils pratiquent l'agriculture, travaillent l'argile et ont même mis au point un calendrier astronomique (que l'on peut voir dans la grotte de Punta del Este sur l'île de la Jeunesse). Les Arawaks (nom générique donné aux indigènes caraïbes) habitent dans des huttes rondes recouvertes de palmes, dorment dans des hamacs, et jouent au *"batos"*, ancêtre lointain du base-ball. Chaque tribu est dominée par un chef.

Avant l'arrivée de Christophe Colomb, Cuba compte quelque cent mille à deux cent mille indigènes, en majorité des Taïnos. Ce qui intrigue le plus les Espagnols tient alors à leur singulière habitude de se promener *"avec un petit tison allumé, composé d'une sorte de plante dont ils aspirent le parfum selon leur coutume"*. Les méfaits du tabac allaient bientôt envahir le Vieux Continent.

Le temps des conquistadores

Lorsque Christophe Colomb accoste, le 28 octobre 1492, à l'extrême est de Cuba, vers Baracoa, il pense avoir enfin atteint l'empire du Grand Khan. La beauté du paysage l'enchante. Il longe le littoral pendant cinq semaines sans se rendre compte de l'insularité de "Juana", nom donné à Cuba par le navigateur en hommage à son prince. Lors de sa deuxième expédition, avant de faire demi-tour sous la pression de l'équipage, il fait signer à tous les hommes à bord un document attestant que Cuba est une péninsule. En poussant de quatre-vingts kilomètres son expédition, il se serait alors rendu compte de son erreur. C'est finalement seulement en 1509 que l'explorateur Sebastián de Ocampo parvient à faire le tour de l'île. Néanmoins, les cartes de l'époque témoignent d'un pressentiment justifié : dès 1500, la carte marine du monde de Juan de la Cosa (compagnon de Christophe Colomb) présente Cuba comme une île, en forme d'hameçon ; en 1502, dans le planisphère dit de Cantino,

La reconstitution d'un village indigène précolombien dans la péninsule de Zapata.

Hernán Cortès.

Diego Vélasquez.

Cuba baptisée "Isabella" est une île voisine d'une zone mystérieuse qui pourrait figurer la Floride ; dans la carte du monde de Juan Vespucci de 1526, Cuba est bien appelée Cuba et garde sa forme en point d'interrogation renversé.

Diego Velásquez, nommé gouverneur par le fils de Christophe Colomb, débarque sur l'île, en 1510, avec ses trois cents hommes. Il est chargé de conquérir l'île et s'y emploie *manu militari*. Les "Indiens", dirigés par le chef taino Hatuey, organisent la résistance et se retranchent dans un fort en bois (Baracoa, qui deviendra la première ville du pays). Le siège dure trois mois. Hatuey, capturé, est brûlé vif le 2 février 1512 et devient le premier héros de l'histoire de la colonisation. Dès lors, le sort des aborigènes est scellé : en 1514, l'ensemble du territoire est sous contrôle espagnol ; en 1532, décimés par la guerre, les maladies, l'esclavage, les Arawaks ne sont déjà plus que cinq mille ; à la fin du XVIe, seuls quelques-uns survivent.

La soif inextinguible d'or conduit les colons, une fois les réserves locales épuisées, à chercher fortune ailleurs, au Pérou ou au Mexique. Pour mettre un terme à cette hémorragie, la couronne d'Espagne est obligée, en 1526, d'établir une administration rigoureuse aux règles inviolables : toute personne tentant de sortir de Cuba sans autorisation spéciale est menacée de mort. Grâce à cette férule, la colonie se développe autour de sept pôles : Baracoa, Bayamo, Sancti Spiritus, Trinidad, Camagüey, Santiago de Cuba et Batabanó (future La Havane). C'est d'ailleurs à Santiago de Cuba que réside le gouverneur de 1516 à 1553, avant que le pouvoir ne soit déplacé à La Havane.

La situation géographique de La Havane, sur la route des nouveaux eldorados latino-américains, en fait dès le début du siècle un port important, une escale idéale pour les armées espagnoles envoyées en mission et un centre de constructions navales. Parallèlement à l'activité commerciale florissante, la culture du tabac et de la canne à sucre se propage sur les fertiles plaines alentour. En 1526, un nouveau glas vient de sonner qui annonce le début de l'ignoble commerce triangulaire. Des caravelles chargées de "bois

Le débarquement des conquistadors en terre amérindienne. Pris pour des dieux, les Espagnols se voient offrir colliers et pierres précieuses.

d'ébène", les esclaves, transitent à La Havane ou y livrent leur "marchandise".

Contre pirates, petite fortune

Durant les XVIe et XVIIe siècles, l'épanouissement de l'île est fortement ralenti par les constantes offensives des corsaires (à la solde des gouvernements), des pirates (à leur compte), des boucaniers (à la poursuite des bœufs sauvages) et autres flibustiers de haute voile. Le pactole, des navires remplis d'or, de pierres précieuses, de bois, était trop tentant – de 1540 à la fin du XVIe siècle, environ deux cent millions de ducats transitent par La Havane – et les refuges, grottes, criques cachées, petits îlots, trop nombreux (la côte des Pirates dans l'île de la Jeunesse ou Coxon Hole dans la région d'Holguín). En 1555, le Français Jacques de Sores, célèbre huguenot ayant fui les persécutions religieuses à la suite de l'amiral de Coligny, tente, après avoir occupé pendant un mois Santiago de Cuba, de s'emparer de La Havane. D'autres corsaires célèbres furent les Britanniques sir Francis Drake, Henri Morgan, le Hollandais Pieter Hayn ou encore l'Olonnais Jean Nau.

Les troupes anglaises à l'assaut de La Havane en 1763.

La statue de Christophe Colomb à La Havane.

Pour se protéger de ces attaques trop répétitives, l'Espagne ordonne la construction de forteresses, *"castillos"*, dont l'une des plus anciennes est celle du Morro à La Havane. Dans la capitale, moult précautions sont prises : interdiction de sortir du port après une certaine heure, obligation de porter son épée nuit et jour, création d'une armada de surveillance, fermeture du port par une chaîne. Cette politique remporte un succès certain puisqu'elle voue à l'échec une tentative d'incursion du redoutable amiral Drake. En revanche, de nombreuses villes côtières, voire intérieures, ne sont pas épargnées par les corsaires : Santiago de Cuba est pillée en 1662, Remedios est occupée par Nau en 1665, les flibustiers font des percées jusqu'à Sancti Spiritus et Camagüey. La guerre continue tout au long du XVIIe siècle et dévaste plus de deux cents propriétés agricoles. Ce n'est qu'en 1697, à la suite d'un accord entre grandes puissances, que le traité de Ryswick met un point final à la piraterie.

Une économie de plantations sous le joug de la Métropole

Après deux siècles chaotiques, une ère de paix semble s'installer à Cuba. Les plantations de canne à sucre et de tabac peuvent alors s'épanouir à leur aise grâce à la main-d'œuvre peu onéreuse fournie

Cuba au temps de la colonie.

par la traite. L'Eglise n'est pas en reste, elle possède un cinquième des terres jusqu'au début du XIXe siècle. De nombreux ordres religieux s'installent, dont celui des jésuites. Quant à la Couronne d'Espagne, elle s'assure de rentes régulières en imposant son monopole sur les productions sucrières et le tabac. Les planteurs créoles s'enrichissent rapidement et cèdent au goût du luxe et de l'ostentation. Ce bien-être "général", hormis les dizaines de milliers d'esclaves soumis aux travaux forcés, n'empêche pas quelques dissensions. Les Cubains estiment la Métropole trop gourmande. Un petit réseau de contrebande essaie de contourner la loi du monopole, ses organisateurs seront exécutés. Des révoltes d'esclaves éclatent sporadiquement et sont sévèrement réprimées. Des communautés de *cimarrones,* esclaves en fuite, trouvent refuge dans les sierras avoisinantes.

À la recherche de l'indépendance

Finalement, en 1762, le siège de La Havane puis son occupation par les Anglais apportent le souffle du changement. Ceux-ci adoptent des mesures libérales : ouverture du port au commerce mondial, liberté de culte et création des premières loges maçonniques. Si, après neuf mois, Cuba retombe sous le joug espagnol en contrepartie de la cession de la Floride, la domination ibérique ne sort pas indemne de la mésaventure. En 1765, la Couronne accorde la liberté du commerce ; en 1777, elle place l'île sous le pouvoir direct du capitaine général ; en 1816, elle supprime le monopole sur le tabac.

Le vent de la liberté atteint, dès la fin du XVIIIe siècle, toute l'Amérique. Tout d'abord, c'est la déclaration d'indépendance des États-Unis d'Amérique le 4 juillet 1776. En 1791, c'est au tour de Haïti de se soulever, à la différence, cette fois, qu'il s'agit de la première révolte de grande envergure des esclaves. La partie occidentale de l'île ayant été concédée aux Français, Toussaint Louverture, chef de l'insurrection, et son projet de République noire se heurtent à l'hostilité des planteurs français puis aux troupes bonapartistes. Nombre de colons choisissent d'émigrer à Cuba, et notamment dans la région de Santiago. C'est à cette époque que remonte la mise en culture du café dans l'archipel. Entre 1810 et 1825, ce sont toutes les colonies espagnoles d'Amérique latine qui, à la suite de dures batailles et de l'acharnement de Simón Bolívar, obtiennent leur indépendance. La colonie portugaise du Brésil parvient au même résultat en 1822. Les seules possessions espagnoles dans le Nouveau Monde se limitent alors à Cuba et Porto-Rico. Cuba, de son côté, n'échappe pas à cette aspiration indépendantiste. En 1809, une première rébellion est durement matée. Pourtant, les colons sont partagés sur la question. Certains estiment que la protection de la Couronne est indispensable à la stabilité de l'île et à sa prospérité économique. Les révoltes de Noirs sont toujours nombreuses.

En 1812, José Antonio Aponte, esclave s'étant racheté, est pendu. Quatre mille personnes soupçonnées de conspiration sont, à la suite de cet incident, torturées jusqu'aux aveux ou à la mort.

Carlos Manuel de Céspedes.

José Martí.

Les Américains adoptent une attitude ambiguë vis-à-vis de leur proche voisine. Ainsi, de 1849 à 1851, les États-Unis apportent leur aide au Vénézuélien Narciso López qui essaie de libérer Cuba. Puis, en 1854, ils projettent même de racheter l'île. La guerre de Sécession met, pour un temps, leur appétit en veilleuse.

L'indépendance ou la mort, première partie

Le 10 juillet 1868, à la Demajagua à l'est de Santiago, une nouvelle page de l'histoire cubaine s'écrit. Carlos Manuel de Céspedes vient en effet de sonner la cloche qui ordonne le rassemblement des esclaves. Homme de culture, franc-maçon, avocat et propriétaire terrien, il libère ses esclaves et déclare la guerre ouverte contre les troupes espagnoles. Suivi par quelque cent soixante partisans, son mouvement s'étoffe peu à peu. Ils seront des milliers dès l'année suivante lors de la proclamation de la république à Guáimaro. Appelés les *mambis* (méprisables en congolais) par les Espagnols, ils sont anciens esclaves, Noirs libres, mulâtres ou planteurs de la région d'Oriente et se distinguent par le port de la chemise blanche, la *guayabera* et du foulard rouge. Leur mot d'ordre est, selon les propres paroles de Céspedes *"L'indépendance ou la mort !"*, une devise qui fera des petits. Les *mambis* se battent vaillamment avec leurs machettes et obtiennent de nombreuses victoires dans les campagnes et surtout en Oriente. Les villes sont, elles, sévèrement tenues par le pouvoir colonial et La Havane reste à l'écart de ce mouvement. Cette première guerre de harcèlement fait face pendant dix ans à l'armée de Sa Majesté. Quatre-vingt mille soldats espagnols, équipés de fusils et canons, tombent sous le coup des machettes. La Couronne est contrainte de dépenser un million de dollars supplémentaires pour écraser la rébellion. Un premier coup mortel est porté lorsqu'à la suite d'une trahison, Carlos Manuel de Céspedes, celui qu'on appellera le "Père de la Patrie" est tué à la bataille de San Lorenzo. Quatre ans plus tard, le pacte de Zanjón est signé. Une poignée d'irréductibles menée par le général mulâtre Antonio Maceo continue le combat jusqu'à sa reddition en 1880.

L'indépendance ou la mort, seconde partie

La guerre de Dix Ans a entraîné une débâcle économique générale. Après s'être enrichis pendant près d'un siècle sur le dos de la canne à sucre et des esclaves (ils étaient environ quatre-vingt mille à la fin du XVIIIe siècle, ils sont plus

Page de droite : la statue d'Antonio Macéo à Santiago de Cuba et le musée de la piraterie à La Havane.
Double page suivante : la caserne du Castillo del Morro à la Havane.

de six cent mille vers 1850), les planteurs doivent faire face, en outre, à deux données nouvelles : l'abaissement des cours lié à l'utilisation de la betterave sucrière en Europe et l'industrialisation à grande échelle de la production. Profitant de la déstabilisation, les Américains renforcent leur emprise sur l'île en rachetant à bas prix les propriétés des planteurs appauvris. En 1896, ils contrôlent 10 % de l'industrie sucrière.

Un Cubain, José Martí, se rend bien compte des velléités expansionnistes du grand voisin et incarne la double lutte anti-espagnole et anti-américaine. Jusqu'au-boutiste de la guerre des Dix Ans,

L'arrivée d'un bateau à vapeur américain à la Havane dans les années 30.

puisqu'il fut un compagnon d'armes de Maceo, il est fait prisonnier en 1880 puis exilé en Espagne. Après moult condamnations et amnisties, ce poète, journaliste, pamphlétaire, excellent orateur et homme d'action, trouve finalement refuge aux États-Unis où il fonde le Parti révolutionnaire cubain en 1892. Il organise la collecte de fonds pour reprendre le combat.

En février 1895, une nouvelle guerre d'indépendance est lancée : Antonio Maceo débarque sur la côte nord, José Martí et le général dominicain Máximo Gómez sur la côte sud. Le 19 mai, à la bataille de Dos Ríos sur les bords du río Cauto, "l'Apôtre de l'indépendance" tombe. Antonio Maceo, surnommé le Titan de bronze, auteur des célèbres mots *"La liberté ne se demande point, elle s'acquiert au fil de la machette"*, s'effondre lui aussi, en 1896, à la bataille de San Pedro. La lutte n'est pas pour autant finie. En 1897, l'Espagne, de guerre lasse, propose l'autonomie complète, rejetée aux cris de *"L'indépendance ou la mort !"*.

La stratégie de "reconcentration" du général espagnol Weyler fait deux cent mille victimes dans la population civile sans pour autant faire basculer la situation.

Le grain de sel américain dans la poudrière cubaine

Sous le prétexte de mieux protéger les résidents américains vivant à Cuba, les États-Unis envoient le croiseur *Maine* sur place. Le 15 février 1898, une explosion d'origine mystérieuse détruit le navire et tue deux cent soixante-six hommes d'équipage. L'opinion publique américaine est sous le choc. Le Sénat et la Chambre des représentants votent une résolution contraignant les Espagnols à abandonner l'île et proclamant son indépendance ; le président, à la suite d'une fin de non-recevoir de la part du roi d'Espagne, peut déclarer la guerre. Le 25 avril, c'est chose faite. La flotte américaine fait le blocus de Santiago, les soldats américains et l'armée de libération nationale portent le combat à l'intérieur des terres. Le bilan de l'affrontement est lourd : 10 % de la population cubaine est décimée, des milliers de G.I. tués par l'ennemi ou la maladie.

Le 17 juillet, l'Espagne se rend, le drapeau des États-Unis est hissé à Santiago, l'armée nationale, malgré le prestige de son chef, le général Máximo Gómez, interdite d'entrée, la victoire est bel et bien américaine. Le 10 décembre, le traité de Paris entre l'Espagne et les États-Unis – et sans la présence d'aucun représentant des insurgés cubains – inscrit en noir sur blanc l'indépendance de Cuba, tandis que les dernières colonies insulaires espagnoles, Porto-Rico, Guam et les Philippines passent sous tutelle américaine.

Le goût amer du joug américain

Le 1er janvier 1899, une ère nouvelle s'ouvre à Cuba : le dernier des capitaines généraux espagnols passe le pouvoir au premier gouverneur américain, le général John Brode. L'Assemblée populaire cubaine est réduite au rôle de spectateur. Le 5 décembre 1899, le président McKinley unit le sort de l'île à celui de son pays *"by ties of singular intimacy and strength"*. Le nouveau général militaire américain, Leonard Wood, impose par décret la création d'une Assemblée constituante de trente membres. La commission préparatoire est dès lors avertie d'un certain nombre de contraintes : en aucun cas, Cuba ne pourra accorder un droit à une puissance étrangère sans l'aval préalable américain ; les États-Unis se réservent un droit d'intervention sur l'île pour préserver son indépendance et garantir la stabilité gouvernementale ; les décrets des gouverneurs militaires américains ne pourront être annulés et des bases américaines pourront être installées sur le territoire national.

Suite à l'opposition de la commission préparatoire face à de tels oukazes, le président américain fait adopter l'amendement Platt, conférant aux États-Unis le droit unilatéral d'intervenir *"chaque fois que la paix sociale et la sécurité des citoyens américains y sont menacées"* et faisant de Bahía Honda et Guantánamo deux bases américaines. En contrepartie, le sucre cubain jouit d'une préférence douanière. Sous les pressions et menaces, l'Assemblée constituante cubaine ratifie, le 12 juin 1901, l'amendement Platt, provoquant de nombreuses manifestations anti-américaines et la colère de l'opinion libérale américaine. Il ne sera abandonné que dans les années 30.

En 1903, le 22 mai, sous la présidence de Roosevelt, le *"traité permanent déterminant les relations entre les États-Unis et la république de Cuba"* est signé. Il sera appliqué jusqu'au début des années 1930. Les États-Unis officialisent leur protectorat. L'île des Pins est placée directement sous l'administration américaine. Les businessmen américains, grâce à un système de prix préférentiels, jouissent d'un quasi-monopole sur les productions de la canne à sucre, du nickel, du tabac et l'industrie du téléphone et des télégraphes. La loi de la parité peso-dollar de 1914 asservit encore un peu plus Cuba. En 1926, 63 % de la production de canne est transformée en sucre dans des usines américaines. Pour soutenir la cadence élevée de la production, une importante main-d'œuvre est importée de Haïti, de la Jamaïque ou même de Chine.

Les manifestations de force du protecteur américain sont nombreuses. Les troupes américaines occupent le pays de 1906 à 1909 à la demande du président Estrada et de 1917 à 1920, en soutien au président Menocal. Lors de sa présidence, de 1909 à 1913, le général Gómez met en place un système de corruption tel qu'il est rapidement surnommé "Zézé le Requin".

De 1920 à 1933, alors que la prohibition règne aux États-Unis, la république cubaine n'est républicaine que de nom. Dictatures et coups d'Etat se succèdent, jusqu'à ce que le sinistre Machado impose son administration à force de répression. L'heure est plus que jamais aux pots-de-vin et à la vénalité des politiciens, la mafia américaine installe ses

Ci-dessous : l'ancienne résidence d'Al Capone.
Pages suivantes, quatre regards sur les années 30 à Cuba : le carnaval sur le Malecón à La Havane, le pont de Miramar, les quais de Santiago et les enfants au travail à Pinar.

La ferme Siboney où résidèrent Fidel Castro et ses compagnons. À droite, une évocation du yacht Granma et du débarquement du commando de Castro.

quartiers d'été à Varadero. En août 1933, la chute des cours du sucre, les scandales répétitifs et une grève générale ont raison du dictateur. L'administration de Ramón Grau San Martin change totalement le cap de l'orientation politique de l'île. Celle-ci promulgue une série de décrets démocratiques : journée de travail de huit heures, vote des femmes, nationalisation de l'électricité, autonomie des universités. Il fait même pire : à la conférence de Montevideo, le représentant cubain s'élève contre l'ingérence américaine. Crime de lèse-majesté, Washington est sur la défensive.

Batista, aller et retour

Le 15 janvier 1934, le colonel Fulgencio Batista renverse le gouvernement Grau San Martin. Commandant en chef de l'armée et ministre de la Défense, s'il n'est pas président de la République, il est bien premier maître à Cuba, après F.-D. Roosevelt. Ainsi, en 1938, il est contraint d'adoucir son régime sous la pression du président démocrate. Il légalise le Parti socialiste populaire (Parti communiste), qui soutient son gouvernement. Élu président de la République en 1940, il se retire aux États-Unis à l'expiration de son mandat.

De 1944 à 1952, les présidents "authentiques", Ramón Grau San Martin puis Carlos Prio Socarras, mènent le pays d'une main réformatrice, progressiste et scrupuleusement constitutionnelle. Une Cour des comptes est créée. Seule ombre au tableau : la corruption financière qui ternit l'image des deux hommes politiques et remet en question les acquis de leur gestion. L'opinion publique, désenchantée, place rapidement ses espoirs dans un nouvel homme, Eduardo Chibas, à la réputation sans tache ; son parti, le Parti orthodoxe, sous la bannière *"L'honnêteté contre l'argent"*, progresse rapidement. La campagne électorale, marquée également par le retour au pays de Batista et sa candidature, se développe dans un climat de scandales, d'attaques et de dénonciations contre le pouvoir. Le débat politique est à ce point réduit à des mises en accusation personnelles qu'il discrédite les institutions elles-mêmes. Lorsqu'en août 1951, Chibas, faute de preuves contre son adversaire "authentique", se suicide, la marche funèbre est la dernière manifestation de masse démocratique. En mettant fin à ses jours, Chibas porte un coup fatal à la République constitutionnelle.

Batista, faute d'un appui populaire fort, décide alors d'abandonner la voie des urnes et fomente avec quelques officiers un nouveau putsch. Le 10 mars 1952, les tanks investissent le palais présidentiel. Prio et la plupart des membres du gouvernement choisissent alors la fuite, direction Miami. Les Cubains accueillent la nouvelle par une réprobation silencieuse. Les partis traditionnels, les authentiques comme les orthodoxes, sont incapables de monter au créneau ; les organisations démocratiques réagissent à peine et trop tard.

Se proclamant "anticommuniste" et contre le gangstérisme et la violence qui ont pour berceau le campus de La Havane, Batista promet de rétablir la normalité politique en 1954, à l'occasion de nouvelles élections présidentielles.

En 1954, les élections présidentielles ont effectivement lieu mais ne respectent pas les consignes démocratiques. Grau se retire, Batista est élu. Pour donner un semblant de légalité au régime, une amnistie générale est signée en 1955. Et malgré les hésitations du dictateur jusqu'à la dernière minute, Fidel et ses acolytes sont libérés.

S'exilant au Mexique, Castro regroupe autour de lui d'autres Cubains prêts à défendre leurs idéaux, arme au poing. Il est bientôt rejoint par un médecin révolutionnaire argentin, Ernesto "Che" Guevara. Le 19 mars 1956, Fidel annonce la rupture de son mouvement avec les orthodoxes.

Les temps héroïques de la sierra Maestra

Ce groupuscule en exil n'a pas froid aux yeux, puisqu'ils préparent, à quatre-vingt-deux hommes, une offensive contre Cuba. Le 2 décembre 1956, à bord du yacht *Granma,* ils abordent la côte

Une opposition, scindée entre les partisans d'une solution pacifiste et ceux optant pour la lutte armée, survit et s'organise. Tandis que l'ancien président, le Dr Grau, se présente aux élections de 1954, d'autres comme le Pr Rafael García Barcena lance une offensive contre la caserne de Columbia.

décembre à huis clos, Fidel Castro assure lui-même sa défense. Condamné à quinze ans de prison, il est incarcéré dans le pénitencier de l'île des Pins avec les autres survivants de l'aventure. Avec Frank Pais et Raúl Castro, son jeune frère, il fonde le Mouvement du 26-Juillet.

Ci-dessous et double page suivante : la fierté d'anciens compadres de Castro au temps de la Sierra Maestra.

La révolution en marche

Quand Castro paraît

L'opulence tranquille de Batista et de sa famille va être à jamais troublée par l'entêtement et l'ambition d'un jeune avocat, nommé Fidel Castro Ruz, appartenant à la mouvance orthodoxe. En 1953, le 26 juillet, l'attaque de la caserne de La Moncada à Santiago annonce la naissance d'un mouvement d'opposition, reprenant la stratégie de guérilla chère aux luttes d'indépendance latino-américaines. La tentative échoue, les assaillants sont emprisonnés et torturés. Jugé en

cubaine ou y "font naufrage", selon le mot de Che Guevara. Seule une vingtaine réussit à s'échapper, elle formera le noyau dur de la résistance. Le gouvernement annonce alors la mort de Fidel Castro et la liquidation de l'expédition. Cet enterrement avant l'heure va coûter cher à Batista. En février, un article du *New York Times* publie une interview de celui que le journaliste appelle "le Robin des Bois cubain".

Tandis que les conspirations contre Batista sont soit étouffées dans l'œuf comme celle des officiers en avril 1956, soit noyées dans un bain de sang comme l'opération commando suicidaire du Directoire révolutionnaire en mars 1957, la guérilla larvée des *barbudos* réfugiés dans la sierra Maestra et soutenus par les clandestins "combattants de la plaine" a alors le champ libre. Le fiasco, en avril 1958, de la grève générale, bien qu'elle ait été ordonnée par Castro, n'entame pas pour autant sa crédibilité. Au contraire, Fidel, fin stratège, profite de cette série d'échecs pour asseoir l'autorité de son mouvement et soumettre les autres réseaux de résistance à son leadership. Le Parti communiste, PSP, inquiet

Le Malecón à La Havane dans les années 50.

de la tournure des événements, préfère abandonner toute fonction dirigeante dans la lutte.

Dans ce climat insurrectionnel, la répression est à la hauteur de la terreur batistienne, les portes des prisons et celles, notamment, du tristement célèbre pénitencier de l'île des Pins, sont grandes ouvertes. Côté vie intérieure, la corruption est à son comble, la luxure à son paroxysme. Cuba devient "le bordel de l'Amérique" où jeux, prostitution et pègre s'épanouissent en toute impunité. La Havane connaît ses années folles ; le *Tropicana* ne désemplit pas ; la *Bodeguita del Medio*, refuge de Hemingway, est un haut lieu de rendez-vous des stars américaines ; la rue des Virtudes égrène ses prostituées aguicheuses. Les Américains, après être venus en pères de famille respectables profiter des plages de l'archipel et goûter à ses délicieux cocktails, débarquent par avions entiers pour céder aux plaisirs de la chair et à l'appât du gain. Les grands hôtels, comme le *Hilton* (aujourd'hui *Habana Libre)*, s'élèvent dans le Vedado, devenu le vrai centre de La Havane.

En 1957, les États-Unis, accusés de ne soutenir que les dictatures, proclament un embargo sur les armes contre Cuba.

Ils affaiblissent ainsi encore un peu plus le pouvoir délétère de Fulgencio Batista. Les déroutes militaires se succèdent. La cause des *fidelistas* fait la une des journaux du monde entier lorsque, le 23 février 1958, le coureur automobile argentin Juan Manuel Fangio est enlevé par les rebelles pendant vingt-quatre heures. En octobre 1958, les *barbudos*, menés par Ernesto Guevara et Camilo Cienfuegos sont à Santa-Clara au centre de l'île. Le 31 décembre 1958, attendu à la soirée inaugurale d'un nouveau casino, le "général" Batista s'enfuit pour Saint-Domingue. Castro triomphe !

Au total, la révolution cubaine s'est effectuée dans un calme relatif, avec une économie de sang et de saccages. Les *barbudos* sont à peine trois mille, aucune centrale sucrière n'est endommagée, la récolte de 1959 est prometteuse.

1959, année décisive

Si la population était restée dans son ensemble très passive lors des combats, la victoire des rebelles entraîne une véritable explosion de joie dans tout le pays. L'étiquette de démocrate nationaliste que s'est volontairement donné Castro et les promesses du rétablissement de la consti-

tution de 1940 rassurent ; la chute de la dictature corrompue et asservie aux intérêts yankees et la fin de la guerre et des difficultés quotidiennes qu'elle engendrait sont source d'un soulagement général. Les rues sont en liesse et accueillent les libérateurs comme des héros. Le 8 janvier, après une semaine de pillages en règle, La Havane cède à son tour au charme du *lider maximo*.

"L'illusion lyrique" grâce à une série de mesures révolutionnaires – réduction de moitié des loyers, réforme agraire avec nationalisation des latifundia, accès de tous à l'éducation et à la santé – s'empare de Cuba. Le peuple, qui a vu son niveau de vie augmenter d'un seul coup, est amoureux de son chef. Il en est fier aussi, car c'est grâce à lui que, partout dans le monde, on parle de l'expérience cubaine et de la révolution "plus cubaine que ses palmiers". C'est donc l'état de grâce, plus tard appelé la période romantique de la révolution qui durera, bon an mal an, jusqu'au printemps 1961.

Les premiers signes d'un désenchantement futur ne se font pourtant pas attendre : en juin, le président Urrutia, choisi par Fidel pour être président de la République, est contraint à l'exil après une attaque véhémente du Premier ministre Castro à son égard ; dès l'été, on note la montée en force des communistes plus soumis que les membres du Mouvement du 26 juillet ; en octobre, le *lider* accuse de "trahison" le commandant Huber Matos, le plus illustre militaire de la sierra Maestra mais anticommuniste convaincu, qui s'était contenté de démissionner ; il annonce le rétablissement des tribunaux révolutionnaires, du poteau d'exécution et la création des milices nationales ; à l'automne toujours, la mort de Camilo Cienfuegos, compagnon de lutte dans la sierra Maestra, est des plus suspectes ; en novembre, les élections libres à la CTC, Confédération des travailleurs cubains, sont annulées et des dirigeants communistes imposés. L'année 1959 s'achève avec la décennie, la boucle est bien bouclée, l'idéal castriste a libre cours.

Divorce à l'américaine et coup de foudre cubano-soviétique

L'année 1959 n'est qu'un prélude. Les harangues officielles contre l'impérialisme et les classes possédantes ne restent pas lettre morte. Appuyée par l'aile révolutionnaire du mouvement et le PSP, la radicalisation du régime se poursuit. Les modérés, qui avaient cru pendant un temps dans le discours réformiste de Castro, ne peuvent plus être abusés. Si beaucoup de Cubains liés à la dictature Batista ont pris la fuite juste après la révolution, de nombreux aristocrates, grands bourgeois et membres de la classe moyenne suivent le même chemin après l'annonce de la réforme agraire. Au total, ils seront quelque deux cent cinquante mille à choisir l'exil durant les trois premières années de cette nouvelle ère.

Depuis le début, les Américains voient d'un mauvais œil l'aventure castriste, et ce d'autant plus que la révolution fait des émules un peu partout en Amérique latine. Déjà, en mars 1960, un incident enflamme les passions : le navire français *La Courbe,* sur lequel était embarquée une livraison d'armes achetée par La Havane explose au port ; l'attentat, que Fidel attribue à la CIA, fait soixante-quinze victimes et plus de deux cents blessés ; à l'enterrement, le *lider,* avec son éloquence habituelle, lance son mot d'ordre célébrissime *"La Patrie ou la Mort".*

À Rio de Janeiro, dès le mois de mai 1959, Fidel pose des questions à la foule : *"Pour arracher l'Amérique latine au sous-développement, il faut injecter trente milliards de dollars en dix ans. Est-ce que les Yankees sont prêts à nous aider ?"* Ces propos, s'ils ne sont pas ouvertement anti-américains, laissent déjà présager de l'avenir difficile des relations américano-cubaines.

La crise s'accentue soudainement lorsque, en juillet 1960, Washington refuse d'acheter le reliquat du quota sucrier cubain. Quatre jours plus tard, l'Union soviétique, restée jusque-là indifférente au processus révolutionnaire de l'archipel, se porte acquéreur et offre trois cent mille tonnes de pétrole à des prix préférentiels. Un tel revirement se comprend mieux si l'on sait qu'un avion espion américain U2 vient d'être abattu alors qu'il survolait le territoire soviétique. Les trois *majors* américaines refusent de raffiner la production en dépit de la loi les y obligeant. Le 6 août, Castro les nationalise ainsi que d'autres propriétés américaines. En septembre 1960, l'*abrazo* entre Fidel et Khrouchtchev aux Nations-Unies signe la nouvelle amitié. Par mesure de rétorsion et dans ces temps de guerre glaciale, les États-Unis promulguent, le 19 octobre 1960, un embargo sur Cuba, livrant en fait l'île à leur ennemi juré. Pour assurer sa survie économique, Cuba est obligée de jouer la carte soviétique !

Le divorce américano-cubain est finalement consommé le 3 janvier 1961 avec la rupture des relations diplomatiques.

L'égalité contre la liberté

Le programme du gouvernement, inspiré par l'humanisme révolutionnaire et

Le célèbre portrait du Che se décline à l'infini sur façades, palissades… et murs des appartements cubains.

moraliste du Che, ministre de l'Economie jusqu'en 1965, est à la fois simple et ambitieux : réduire au maximum les inégalités. Cela passe inévitablement par la scolarisation de tous les enfants et des campagnes d'alphabétisation pour les adultes. Partout, à la campagne dans les moindres villages, et dans les villes, des écoles sont construites. La formation des maîtres est une priorité. Les fournitures scolaires sont gratuites. En 1961, le taux d'illettrés est passé de 24 % à 4 % de la population. Parallèlement, un effort important est mis dans le secteur de la santé : des dispensaires et hôpitaux sont ouverts (on compte aujourd'hui 260 hôpitaux, 423 polycliniques, 246 dispensaires, 1 700 cabinets de *médicos de la familia*), les soins sont gratuits. Conséquence immédiate ou à plus long terme, le taux de mortalité infantile diminue (14 % au début des années 1990), les maladies liées au sous-développement (paludisme, tétanos, diphtérie et poliomyélite) sont éradiquées. La collectivisation de l'économie est lancée, les industries, ateliers, petits commerces passent peu à peu sous contrôle d'Etat. Bientôt, seuls les petits paysans (ayant des propriétés de moins de soixante hectares), les planteurs de café de la sierra Maestra et les *tabaqueros* de la province de Pinar del Río échappent à cette nationalisation en règle.

À Playa Girón, un musée rappelle l'échec du débarquement anticastriste à la baie des Cochons.

À gauche, une assemblée au CDR à La Havane. À droite, une marche, de 300 km en 5 jours, des "pionniers de la Révolution".

Alors que les effets du blocus se font peu à peu sentir, un système de rationnement voit le jour. Le 12 mars 1962, l'achat des denrées alimentaires est soumis à un contrôle ; les parts sont fonction de l'âge de chacun et permettent d'assurer à chaque Cubain une dose suffisante de calories. Plus tard, c'est au tour des produits domestiques courants, puis des vêtements d'être réglementés. Les uniformes des écoliers font leur apparition. Côté liberté, le bilan de ces premières années est moins positif. L'opposition est très vite inexistante, ses leaders étant soit en exil, soit en prison. Dès 1960, la presse est bâillonnée. Les intellectuels, favorables dans leur ensemble à la révolution, vont vite déchanter. La publication du supplément *Lunes* du quotidien *Revolución,* sous la direction de Guillermo Cabrera Infantes, est suspendue, après que le film *PM* de Saba Cabrera Infante, frère de Guillermo, sur les nuits havanaises a été censuré. La "nuit des trois P" (prostituées, pédérastes, proxénètes), durant laquelle le conteur Virgilio Piñera est arrêté, accentue encore un peu plus le divorce entre la constellation intellectuelle et le pouvoir. Le dogmatisme est de retour. Fidel Castro annonce d'emblée la couleur : *"Dans la révolution tout, hors de la révolution rien."* En août 1961, un nouvel organisme, l'UNEAC (Union nationale des écrivains et artistes de Cuba), présidé par le très fervent communiste Nicolás Guillén, dessine les nouvelles perspectives culturelles. La route de l'exil, bien connue des intellectuels cubains des générations précédentes – qu'on se souvienne de José Martí ou de José Maria de Heredia –, se profile. Severo Sarduy, Guillermo Cabrera Infante ou encore Lydia Cabrera suivent leurs aînés, tandis que d'autres, comme Reinaldo Arenas, sont mis au ban de la société. Des camps de rééducation baptisés UMAP (Unités militaires d'aide à la production) sont chargés de remettre dans le droit chemin les déviants, homosexuels, hippies ou témoins de Jéhovah…

L'Eglise, si elle est tolérée dans un premier temps, est dépossédée de ses écoles et hôpitaux en 1961. L'enseignement catholique est interdit. Après une procession en septembre 1961, cent trente-cinq prêtres sont expulsés, suivis bientôt par plus de deux mille prêtres ou religieuses affolés. Les pratiquants sont déconsidérés à tel point que les fidèles ne représentent que 2 % de la population en 1977.

Vent glacial sous les tropiques

De l'invasion ratée de la baie des Cochons à la crise des fusées

Le risque de guerre, permanent et réel, pèse sur la jeune révolution. Des raids aériens, sabotages et actions commando sont perpétrés. En avril, à la suite d'une nouvelle offensive qui laisse sept morts et de nombreux blessés, le *lider maximo* affirme le caractère socialiste de la révolution. La communauté exilée ne tarde pas à réagir. Après des mois d'entraînement sous la houlette de la CIA, mille deux cents volontaires anticastristes débarquent à Playa Girón. La baie des Cochons devient le théâtre d'une âpre bataille. En attendant les renforts envoyés par la capitale, la défense du territoire a été courageusement menée par les milices de défense locale. En trois jours, la défaite des envahisseurs, faute de l'appui aérien promis par l'agence de renseignements mais refusé par Kennedy, est consommée. Un accord sera conclu permettant d'échanger les prisonniers contre des tracteurs et des médicaments. La Realpolitik version cubaine !

Cette invasion, certes manquée, marquera à jamais les esprits, et plus particulièrement celui de Castro. L'obsession de la menace américaine ne quittera plus Fidel. De là, l'accord militaire avec l'Union Soviétique qui autorise l'installation de rampes de lancement de fusées à ogive nucléaire dans la province de Pinar del Río. Repérées par des U2 américains en octobre 1962, elles amènent le monde au bord de l'apocalypse. Aucun affrontement direct n'est envisageable de peur de déclencher l'engrenage nucléaire. Kennedy entame donc un bras de fer diplomatique avec son homologue Khrouchtchev ; le 27 octobre, il menace de bombarder l'emplacement des rampes et de débarquer massivement à Cuba ; l'effervescence sur place est à son comble, Ernesto Guevara en personne prépare l'éventuel lancement ; finalement, Khrouchtchev annonce à la radio sa décision de céder : il accepte de retirer ses fusées contre la promesse solennelle de la Maison Blanche de rester à l'écart de Cuba et de retirer ses installations nucléaires de Turquie.

L'accord est finalement conclu, au dernier moment, sans l'avis de Castro. Celui-ci en tiendra rigueur aux dirigeants soviétiques. S'il n'y eut qu'une seule victime, un pilote américain abattu par les Cubains, l'incident a bien failli dégénérer en guerre nucléaire totale. L'histoire retiendra deux conséquences positives : l'installation du "téléphone rouge" entre la Maison Blanche et le Kremlin, et l'accord de réduction des armes nucléaires.

"Plusieurs Vietnam"

Malgré tout, le rapprochement entre l'île caribéenne et le bloc de l'Est se poursuit. En avril 1963, Castro est reçu à Moscou avec les plus grands honneurs. Le petit frère cubain fait certes des incartades. Il a la manie de vouloir à tout prix propager la lutte armée révolutionnaire dans les pays en voie de développement.

Les Cubains forment les futurs cadres des guérillas sud-américaines. L'organisation de la conférence tricontinentale (décembre 1965-janvier 1966) qui doit réunir les dirigeants des mouvements révolutionnaires de l'Afrique, de l'Asie et de l'Amérique, confirme l'aura du castrisme dans le tiers-monde et en Amérique latine en particulier. Cuba ne faisait-elle pas un fabuleux pied de nez à la doctrine Monroe ? La thèse de la lutte armée est soutenue, même si les Soviétiques et Est-Européens sont plus prudents.

L'Organisation pour la libération de l'Amérique latine est créée et se réunit à La Havane en juillet-août 1967. Le Che,

Fresque à la gloire des grandes figures de la révolution cubaine.

figure héroïque, part lui-même dans les maquis boliviens. Il mourra là-bas en octobre 1967, après que la CIA aura retrouvé sa trace. Ce deuil ne signe pas pour autant la fin de la politique de soutien aux guérillas. Les combats se déplacent. Si le sous-continent américain délaisse peu à peu Castro jugé trop proche de l'URSS, l'Afrique devient un nouveau champ de bataille pour les soldats cubains expatriés. En 1975, Cuba intervient en Angola pour aider le MPLA en guerre contre l'Afrique du Sud et apportera son soutien jusqu'à l'accord de 1988. En 1978, ils aident l'Ethiopie à se défendre contre une offensive somalienne. En Amérique centrale, Cuba supporte les sandinistes avant et après le renversement de Somoza, soutient les mouvements révolutionnaires salvadoriens et guatémaltèques. En 1979, Castro, élu président des non-alignés, voit ainsi ses efforts récompensés et son rôle international reconnu.

Cuba ne se contente pas d'un engagement militaire ou financier. Elle compte plus de mille cinq cents médecins envoyés dans les pays en voie de développement ; elle forme gratuitement, sur l'île de la Jeunesse, des milliers d'étudiants du tiers-monde.

Vers le socialisme

Plus le temps passe, plus Castro glisse vers le socialisme version marxiste-léniniste. Après avoir reconnu le caractère socialiste de la révolution en avril 1961, Castro se déclare le 2 décembre 1961 marxiste-léniniste ; sa "couverture" orthodoxe pendant l'époque de la guérilla était, selon ses propres dires, en fait un moyen de rassurer l'opinion publique. Vérité ou habile distorsion en vue de séduire un peu plus son pourvoyeur de fonds soviétique ?

En 1962, un conflit sérieux éclate néanmoins entre Fidel et les caciques du PSP : ces derniers pensent l'heure venue de récupérer la révolution et tentent de noyauter les "organisations révolutionnaires intégrées" castristes. La réaction appelée "lutte contre le sectarisme" est immédiate. Finalement, ce n'est qu'en 1965 que le Mouvement du 26 juillet et le PSP sont fondus en un seul Parti com-

Ci-dessus et double page précédente : à peu près partout ont éclos des slogans révolutionnaires ou des formules à la gloire du régime.

muniste cubain sous la direction de Fidel Castro. Ce dernier-né en politique, de même que les organisations de masse comme la CTC (Confédération ouvrière unique), la FMC (Fédération des femmes cubaines), l'ANAP (Association nationale des petits agriculteurs) sont mises en sommeil jusqu'en 1970 et l'échec retentissant de la *zafra* historique (récolte de canne à sucre) qui, malgré la mobilisation de tous, n'a atteint que huit millions et demi de tonnes au lieu des dix prévus. Le *lider* jouit seul du pouvoir.

À l'extérieur, il se permet même d'être en froid avec l'URSS, qu'il juge trop tiède dans le conflit vietnamien. En 1968, Anibal Escalante et trente-quatre autres apparatchiks sont accusés d'avoir établi un courant pro-soviétique au sein du Parti ! Castro est, sans doute, un adepte de Marx, un disciple de Lénine, mais certainement pas un élève de Brejnev. Mais, difficultés économiques obligent, Cuba rentre finalement dans le rang cette année-là en approuvant l'invasion en Tchécoslovaquie. Sa récompense se matérialisera en 1972 avec son entrée dans le Comecon.

L'institutionnalisation du pouvoir

En 1970, des élections libres au niveau des organisations de masse permettent de redonner voix à la base. Quatre-vingts pour cent des délégués de la CTC sont démis. Les dirigeants de ces relais de la population civile retrouvent la

parole. Les forces armées, sous la houlette du petit frère Raúl, sont investies de réelles responsabilités politiques. En 1974, des élections libres, au suffrage universel indirect, avec isoloir et candidatures multiples, sont organisées dans la province de Matanzas. En 1975, le PCP se retrouve pour son premier congrès. La nouvelle constitution, socialiste, marxiste-léniniste et internationaliste, est approuvée par référendum populaire. Elle attribue au PCP, parti unique, un rôle dirigeant ; l'Assemblée nationale est l'organe suprême qui élit le Conseil d'Etat, les ministres, les membres du Tribunal suprême ; le Conseil d'Etat s'apparente à l'ancien Soviet suprême de l'URSS, à la seule différence que son président est à la fois chef d'Etat et de gouvernement ; le Conseil des ministres hiérarchisé représente l'exécutif ; le Comité exécutif du gouvernement composé du président, du premier vice-président et des vice-présidents peut, en cas d'urgence, avoir les pleins pouvoirs ; Cuba est divisée en quatorze provinces. En 1992, cette constitution sera amendée pour permettre l'élection des députés au suffrage universel direct et autoriser les entreprises mixtes.

La vie politique cubaine est, dans la pratique, surtout marquée par l'omniprésence des organisations de masse. Enfant, le petit Cubain sera pionnier ; adolescent, il fera partie des troupes de la Jeunesse communiste *(U Jota Cé)* ; jeune homme, il intégrera une microbrigade pour aider à la construction de logements ; adulte, il assistera, comme tout bon citoyen, aux réunions du CDR (Comité de défense de la révolution) qui organise la vie de

chaque quartier ; femme, elle participera aux assises du MJC (Mouvement des femmes cubaines)... Point de répit donc dans le calendrier du bon militant, surtout aux alentours du 26 juillet.

Au niveau national, les discours du *comandante* et les congrès du PCP sont les seuls réels points d'orgue de la vie politique. L'économie évolue au gré des fantasmes du *lider*, un temps plus ouverte, plus libérale, plus tournée par les stimulants matériels comme au début des années 1980, un temps plus collectiviste que jamais comme après la rectification de 1986. L'environnement politique semble, quant à lui, immuable, à l'image de son *comandante* en treillis de combat. Certes, il y a parfois quelques signes d'assouplissement : en 1980, les *Marielitos* (125 000) sont autorisés à quitter le pays pour rejoindre les États-Unis ; en 1988, les débats au sein des organisations de base sont plus ouverts, le *téké-téké* (langue de bois) cède du terrain au profit des plaintes et reproches en tout genre, mais en 1989, c'est le mystérieux procès du général Ochoa, héros de l'Angola, accusé de trafic de drogue et exécuté avec ses "complices" ; en 1992, la constitution est modifiée entraînant en 1993 les premières élections au suffrage universel des députés de l'Assemblée nationale et des assemblées provinciales (98,75 % de participation, 20 % de votes blancs et nuls, les élus sont tous des candidats uniques désignés par les organisations de masse) ; en 1994, les *balseros* quittent pendant deux semaines le pays au vu et su du régime. Mais les vrais changements se font attendre. L'opposition est toujours quasi inexistante même si une "concertation démocratique" regroupe les dissidents autour d'Elizardo Sánchez Santa Cruz, Maria Elena Cruz Varela et Sebastián Arcos. La libéralisation économique n'arrive que très timidement, en 1991, à la suite du IVᵉ Congrès, l'autorisation d'activités lucratives privées après le travail ou pour les sans-emploi permet de voir réapparaître les petits artisans, tandis que les ateliers locaux décentralisés sont réactivés et certaines grandes fermes fractionnées, le commerce extérieur n'est plus un monopole étatique. C'est surtout à partir de 1995 que le régime accentue le virage économique afin de sauver le pays de la faillite et libéralise certains secteurs comme la pêche, l'agriculture et le tabac. En 2000, les deux tiers des terres arables sont exploitées de façon privée soit par des *"campesinas"* soit par l'intermédiaire de coopératives. Les investissements étrangers sont autorisés depuis 1995. Aujourd'hui, les entreprises étrangères établies à Cuba se comptent par centaines.

Les volte-face castristes

En septembre 1994, une nouvelle avancée est faite avec la libéralisation des marchés agricoles tandis que l'ouverture de lignes téléphoniques directes vers les États-Unis annonce peut-être un nouveau tournant dans l'histoire castriste. Ainsi, après la venue du pape en 1998, un certain assouplissement s'est fait sentir : trois cents prisonniers politiques ont été libérés ; les États-Unis ont autorisé l'envoi d'argent et de médicaments à Cuba et les vols directs entre les deux pays ont été rétablis. Pourtant, les relations américano-cubaines sont toujours tendues, comme nous l'a rappelé la récente affaire du petit Elian. Après une longue bataille diplomatique, juridique et médiatique, pour savoir à qui reviendrait l'orphelin — à son père toujours à Cuba ou à ses oncles de Floride —, Fidel Castro est finalement sorti vainqueur de ce bras de fer et Elian est rentré triomphalement au pays.

Sur le plan diplomatique sous la houlette du ministre des Affaires étrangères Roberto Robaina, le neuvième sommet ibéro-américain qui s'est tenu à La Havane en 1999 a montré que Cuba avait sa place dans le monde et n'était pas isolée. Les dissidents modérés avaient pu, à cette occasion, rencontrer la presse internationale.

Depuis 1999, la tendance a été inversée, ce qui ne surprend pas outre mesure les Cubains habitués aux "rectifications" du maître, qu'ils ont surnommées *"bandazos"* (littéralement "coups de roulis"). La politique d'ouverture est remise en question et une reprise en mains par les tenants d'un marxisme pur et dur est en cours. Les membres du gouvernement les plus modernes sont remerciés et la vieille garde revient au galop. L'opposition est à nouveau bâillonnée et ses leaders, comme les signataires de la charte "La patrie est à tout le monde", emprisonnés. Ce durcissement a valu à Cuba une nouvelle condamnation de la Commission des Droits de l'Homme de l'ONU en 2001.

Les chambres et tables d'hôtes (les *"paladares"*) qui avaient fleuri ces dernières années sont parfois obligées de fermer à cause d'une fiscalité étouffante. Les chauffeurs de taxi n'ont plus droit au statut de travailleurs indépendants. Résultat : de plus de deux cent mille, le nombre de personnes travaillant à leur compte est tombé à cent cinquante mille.

La police, dont le traitement a été augmenté, est omniprésente, notamment à La Havane, et des rafles régulières conduisent les *janiteras* et *pingueros* à leur case départ (un bourg provincial) ou dans un centre de redressement. Bref, Castro, que l'on crut un temps converti aux vertus d'une libéralisation minimale, est retourné à ses anciennes amours communistes.

Depuis les terribles attentats terroristes du 11 septembre 2001, la solidarité occidentale semble avoir joué et l'on a vu Fidel Castro s'émouvoir pour les familles des victimes américaines. Il s'est même rendu sur le site pour s'y recueillir. Preuve de cette embellie des relations américano-cubaines, le président Bush Jr a réussi à emprisonner les soldats d'al-Qaida dans la base de Guantánamo. Par ailleurs, l'embargo s'est assoupli et des échanges de marchandises s'esquissent.

Ci-dessous : la scolarisation pour tous ! Double page suivante : départ de balseros vers la Floride en 1995.

Fidel Castro

Lion ascendant lion, fils illégitime d'un paysan galicien enrichi et de sa servante, ancien élève des jésuites, Fidel Alejandro Castro Ruz est un personnage complexe, austère, secret, intransigeant et volontaire. Son ambition l'a mené jusqu'au sommet d'un État qu'il a façonné à son image. Commandant en chef de l'armée, premier secrétaire du parti, président du conseil d'Etat et du conseil des ministres, il cumule toutes les fonctions dirigeantes de son île si étroite. Cubain et fier de l'être, il n'a que deux regrets : que Cuba soit limitée à 110 000 km^2 et que la guérilla ne puisse durer toujours. Dans son bureau, deux tableaux représentent l'horizon se déployant de la Comandancia, son quartier général dans la sierra Maestra. Ses discours sont émaillés de termes militaires, luttes, brigades, mobilisation… et son costume est le sempiternel treillis de camouflage. Homme obstiné, il est surtout l'incarnation suprême du refus : refus de se plier aux volontés américaines, refus de céder face au blocus, refus de suivre la dérive péréstroïkienne. S'il n'était pas communiste dans sa jeunesse (seul Castro connaît la vérité à ce sujet), il mourra communiste convaincu et indélébile.

Impulsif, Castro prend des décisions au jour le jour selon ses humeurs. En visite dans une entreprise, il constate une pénurie de tel élément et ordonne immédiatement sa commande. Cette volonté d'ubiquité, impossible évidemment à réaliser, engendre un incroyable désordre, nuisible à la bonne marche de l'économie. Sur le plan politique intérieur, on constate une même inconstance, de *bandazos* (coups de roulis) en rectifications, hésitant entre un certain libéralisme, une plus grande tolérance et une ferme reprise en main. Méfiant, Castro impose tout un rituel de surveillance avant chaque apparition. Lorsqu'il part à l'étranger, il emmène ses cuisiniers et victuailles ; lorsqu'il s'adonne à son sport favori, la pêche sous-marine, il fait patrouiller deux navires de guerre.

Avide de nouvelles, le *comandante* lit dépêches sur dépêches, journaux et articles, écoute la radio, regarde CNN. Orateur incomparable, il tient en haleine son auditoire durant des heures. Il manie le verbe avec une lenteur voulue. Ses discours sont animés de-ci, de-là, de digressions personnelles, d'exemples pratiques et de quelques exclamations grossières avant de revenir à leurs thèmes centraux. La vie privée de Fidel Castro est tenue secrète ; il apparaît toujours seul, comme s'il consacrait tout son temps à la cause révolutionnaire. Pourtant, Fidel est père de famille, et de famille nombreuse ; sa progéniture s'élèverait à une douzaine d'enfants. S'il a reconnu le fils de son premier mariage avec la douce Mirta Diaz Balart, Fidelito, à qui il a confié jusqu'en 1992 la charge du programme nucléaire cubain, ses autres enfants, même les trois fils nés de son union avec son épouse actuelle, Dalia Soto del Valle, sont tous illégitimes. L'ancien mannequin, Alina, la fille que lui a donnée sa compagne de guérilla Naty Revuelta, n'est certainement pas l'enfant chérie du *comandante* ; elle a préféré fuir Cuba en 1994. Il est vrai que l'instinct paternel n'est pas la fibre la plus sensible de Fidel. À la différence d'autres puissants d'Amérique latine et d'ailleurs, Castro n'a pas cherché à imposer son clan. Seul son cadet, Raúl, compagnon de toutes les luttes, le seconde officiellement. Le frère

L'image de Fidel Castro est indissociable de son éternel treillis.

Durant un discours un peu long, le lider maximo et son compadre Guevara s'abandonnent à un "léger" assoupissement.

aîné Ramon dirige une ferme modèle ; ses sœurs reçoivent une aide financière, mais rien d'outrancier. D'ailleurs, et c'est une règle générale, les privilèges dont jouissent les nomenklaturistes sont réels mais peu visibles. Castro ne supporte pas le luxe ostentatoire et punit ceux qui, profitant de leur position haut placée, s'écartent trop du mode de vie "révolutionnaire". La plus célèbre victime fut le *comandante* paysan Efigenio Ameijeiras ayant succombé aux charmes indiscrets de la bourgeoisie cubaine. Le *lider* lui-même a des goûts modestes. Certes, il possède, selon les services secrets américains, plus d'une trentaine de maisons, mais la plupart sont de simples relais de chasse ou *fincas* mis à la disposition des membres du régime. Sa résidence principale, sise dans le quartier de Siboney à La Havane, abrite bien un potager, un élevage, une étable à air conditionné et une fromagerie, mais le régime alimentaire du chef de l'Etat cubain, s'il est riche en comparaison de celui de ses compatriotes, correspond à la norme européenne version homme d'affaires. Son péché mignon ? Le whisky *Chivas Regal,* les langoustes et les spaghettis. Sa maison sur la Cayo Piedra comprend deux demeures, la plus grande étant réservée aux invités et la plus petite, meublée simplement, étant constituée de quatre pièces. Rien donc d'un palais immense.

Si Fidel est bien entouré et côtoie encore ses *compadres* des temps héroïques de la sierra Maestra, ses vrais amis sont rares. Il y eut Celia Sánchez, secrétaire et confidente jusqu'à sa mort en 1980, il y a bien sûr Gabriel García Márquez, l'écrivain colombien, et son frère Raúl qu'il a d'ailleurs désigné comme son successeur officiel. Pour ses 75 ans, le *lider maximo* a eu droit à sa grand-messe version marxiste avec foule en liesse sur la grande place de La Havane montrant à l'Occident, avec fierté et une certaine arrogance, toute la grandeur de sa fin de règne.

Partie de chasse aux canards pour un Fidel Castro armé jusqu'aux dents.
Double page suivante :
l'entrée d'une Maison de la Jeunesse Cubaine, siège du comité local de l'Union des jeunes communistes.

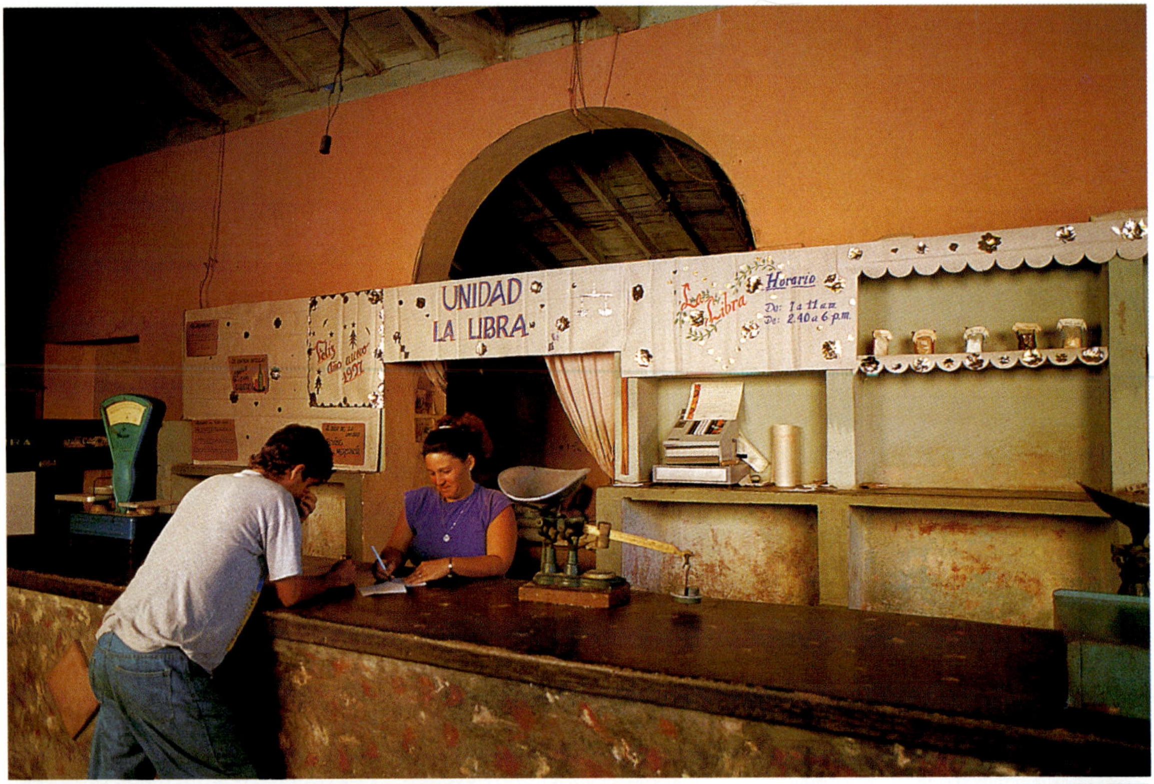
UNIDAD
LA LIBRA
Horario
De: 1 a 11 a.m.
De: 2.40 a 6 p.m.

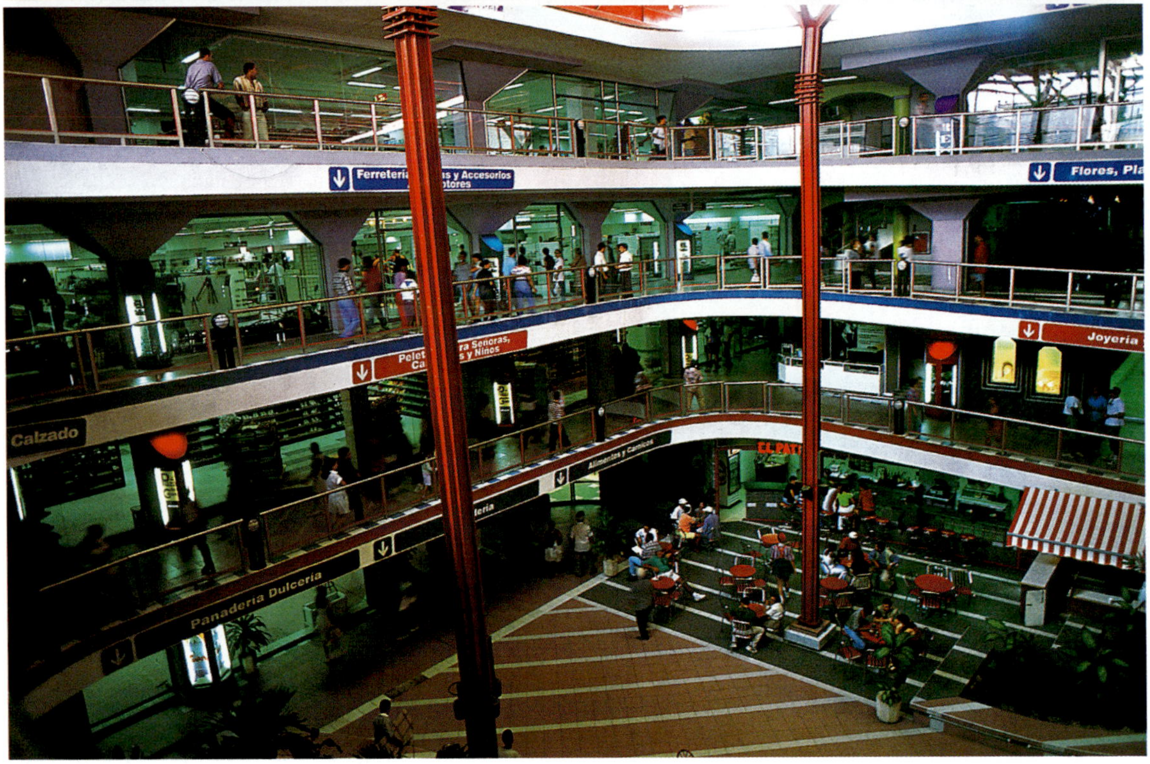
Calzado
Panadería Dulcería
Joyería

Société

Une économie qui reprend son souffle

Depuis des siècles, Cuba a vécu sur une ressource principale, le sucre, à laquelle s'ajoutaient, dans une moindre mesure, d'autres richesses : le tabac, le café, les fruits tropicaux et le nickel. Au tout début de la révolution et jusqu'en 1963, Castro veut mettre un terme à cette monoculture trop asservissante, synonyme à la fois de dépendance à l'égard de l'étranger et du travail à la sueur de leur front de milliers de *macheteros*. Il préconise une politique d'industrialisation et de substitution des importations. Cette tentative se heurte à un problème de financement (le budget de l'Etat est alors grevé des lourdes dépenses d'éducation, de santé, de défense et d'infrastructures) et d'échelle (l'île compte seulement six millions d'habitants). Elle pâtit également du manque de matières premières. La balance commerciale est déficitaire et impose finalement de se soumettre à la logique soviétique de division internationale du travail. À partir de 1963, Cuba retrouve sa vocation sucrière et bénéficie de l'aide généreuse du grand frère, avec qui elle entretient l'essentiel de son commerce. En 1972, l'entrée dans le Comecon ne fait qu'accroître sa dépendance à l'égard du bloc de l'Est, puisque les échanges se font en roubles non convertibles. Tandis que toutes les énergies cubaines sont orientées vers la production sucrière, l'extraction du nickel et les récoltes de fruits tropicaux, l'île est obligée d'importer tous les autres produits, de la boîte de conserve de harengs fumés aux Lada pétaradantes en passant par le précieux pétrole (qu'elle achète à prix préférentiel et revend en partie au cours mondial pour s'approvisionner en dollars).

La période spéciale

L'arrivée de Gorbatchev en 1985 remet en question ce *statu quo* somme toute confortable. De quinquennaux, les accords deviennent annuels ; puis, à partir de l'effondrement du Comecon, ils sont

A droite : la fabrication traditionnelle du charbon de bois participe depuis des siècles au déboisement des terres.

A gauche : le contraste est saisissant entre cette boutique d'Etat désespérément vide en période spéciale, et le centre commercial Carlos III, ouvert à La Havane depuis 1999.

Doubles pages suivantes : en période spéciale, les bœufs reprennent du service pour remplacer les tracteurs en manque de carburant ; les écoliers et le coupeur de canne : les tronçons de canne font des sucres d'orge à bon compte ; la file d'attente devant un magasin à Trinidad ; la Libreta, carnet de rationnement, fait partie de la vie quotidienne des Cubains.

négociés avec chaque République ; les paiements se font en dollars ; les subventions cessent. Les conséquences de ce revirement ne tardent pas à se faire sentir de façon dramatique. Faute de devises, les importations sont réduites à la portion congrue. La liste des pénuries s'allonge. Le niveau de vie chute d'une façon vertigineuse. En 1994, la *libreta* assure neuf cents calories à un adulte (au lieu des 3 130 de 1988), le lait n'est distribué qu'aux enfants de moins de sept ans, les protéines végétales (le soja) remplacent les protéines animales en voie de disparition (le cheptel a été décimé aux trois quarts), la malnutrition entraîne la résurgence de vieilles maladies comme le béribéri, les névrites oculaires ou les anémies. Le manque d'énergie (la Russie ne livre aujourd'hui que quatre à cinq millions de tonnes de pétrole au lieu des treize millions du milieu des années 1980) désorganise totalement l'économie et pèse lourdement sur la balance commerciale (30 % en 2000). Tous les secteurs sont touchés, et au premier chef, l'agriculture. Les grands domaines étatisés sont partiellement privatisés et des lopins de terre sont confiés à des exploitants particuliers. La production sucrière, la plus collectiviste, est tombée de huit millions de tonnes en 89-90 à trois millions de tonnes en 93-94. Elle est aujourd'hui de 3 600 000 tonnes et est en partie assurée par de petits fermiers indépendants. Les transports font cruellement défaut et expliquent pour une part l'absentéisme. Au total, le PNB au printemps 1993 ne représentait plus que 37 % de son niveau de 1986 et la capacité d'importation avait diminué de 70 % en trois ans. Enfin, l'endettement avait atteint la somme de vingt-deux milliards de dollars (dont quinze milliards à l'ex-URSS), et Cuba était en rupture de paiement.

La politique amorcée à la fin de la décennie passée jouant sur l'appel aux capitaux étrangers et les *joint ventures* et sur l'essor du tourisme ne permet pas encore de compenser le manque à gagner laissé par la volte-face russe. Dès 1992, une cinquantaine d'entreprises implantées dans les secteurs prioritaires de l'énergie, du tourisme, du sucre, de la pharmacie et du nickel faisaient des investissements à long terme. La firme française Total, qui sonde le sous-sol cubain, est ainsi assez optimiste quant aux ressources pétrolifères de l'archipel, des Canadiens modernisent les installations d'extraction du nickel à Moa, des consortiums espagnols comme la chaîne Guitart Hotels construisent des complexes hôteliers de grande envergure, des sociétés mexicaines se chargent de l'exportation des fruits tropicaux... Trois zones franches ont aussi été créées pour inciter des firmes étrangères à s'implanter. Plus de quatre cents entreprises étrangères sont aujourd'hui installées dans l'île.

L'embargo décrété en 1960 est toujours en vigueur et a même été renforcé à deux reprises, en 1992 par la loi Toricelli et en 1996 par la loi Helms-Burton qui permet de poursuivre pénalement les entreprises entretenant des relations commerciales avec Cuba. Le magazine *Harper's Bazaar* s'est ainsi vu infliger une amende après des séances photos dans l'île. Néanmoins, la loi Helms-Burton s'est vue régulièrement suspendue.

Le pari touristique

Le pari touristique semble avoir été relevé avec succès. En 1994, l'archipel avait déjà accueilli six cent mille touristes venus du Canada (110 000), d'Allemagne, d'Espagne, de France (35 000 à 40 000) et d'Amérique latine. En 1998, Cuba avait attiré 1 400 000 vacanciers et comptait passer la barre des deux millions pour le XXIe siècle. Sa capacité hôtelière avait triplé dans la décennie, atteignant plus de

trente mille chambres. Cette envolée était due à d'importants investissements cubains mais aussi étrangers. La création du village du Club Med de Varadero est un exemple parmi des dizaines d'autres *joint ventures*. En 2001, Cuba espérait une augmentation des revenus tirés du tourisme de l'ordre de 10 %. Les attentats du 11 septembre ont obligé les autorités à revoir leurs prévisions à la baisse.

Un bilan mitigé

La patrie tropicale du socialisme affiche de grandes victoires (contre l'analphabétisme, l'inégalité, la maladie) et permet à Cuba d'être le premier pays dans le groupe des pays en développement en matière de soins (l'espérance de vie est de 75 ans) et de scolarisation (les trois quarts des adolescents de 12 à 17 ans sont scolarisés). La Banque mondiale l'a récemment félicité à ce sujet. Apparemment, le plus dur est donc passé. Cuba a réussi à survivre à la chute de l'ère soviétique. Durant les années 1995 à 2000, son rythme de croissance s'est établi autour de 3,5 %. Son PIB par habitant est estimé à 1 700 $.

Reste que l'austérité confine aujourd'hui souvent au dénuement, que le peso est devenu une monnaie de singe et qu'au pays de Castro, le dollar est billet officiel depuis juillet 1993, que la prostitution est pour beaucoup la seule solution pour manger à sa faim, que les petits écoliers mendient chewing-gum et stylos à bille pour écrire, que des jeunes désespérés s'injectent le Sida, que des vieux immeubles de La Havane s'écroulent sur leurs habitants, que des familles entières vivent sur l'argent envoyé par des proches de Floride (les *"remesas"* rapportent huit cent millions de dollars et sont ainsi la première source de dollars)…

Des transports épiques

À Cuba, le transport est un souci quotidien et l'attente d'un train ou car hypothétique le lot de chacun. L'avarie est généralisée. À La Havane, plus de la moitié des bus sont au dépôt faute d'essence ou de pièces de rechange. Les *"guaguas"* (chameaux), semi-remorques à deux bosses, ressemblent au métro parisien dans les pires jours de grève. À Santiago de Cuba, des bus poussifs traînant d'autres bus grimpent péniblement les ruelles en pentes et klaxonnent une moto imprudente slalomant entre les nids de poule. Sur les trois voies de l'*autopista,* un univers à part entière, circulent de loin en loin quelques rares Lada survivantes disputant l'asphalte à de vieilles américaines monstrueuses et vaillantes, tandis que des ouvriers s'affairent autour du moteur d'un camion antédiluvien. Sous chaque pont, des groupes de gens patientent à l'abri du soleil ou de la pluie, certains tendent le bras – l'auto-stop, dit *"botellas",* est chose courante ici – et seront ravis si vous acceptez de les déposer à quelques kilomètres de là.

Pour remédier à cette pénurie, l'île a adopté la méthode pékinoise. Des dizaines de milliers de vélos *made in China* ont été importés. Leur utilisation diffère néanmoins un petit peu : ils sont ici à usage collectif et non individuel si l'on en croit le nombre de passagers à bord ! Les cyclistes ont droit à une voie réservée dans les villes. Il y a même des genres de cyclo-pousses qui, contre dollars, transportent le chaland d'un bout à l'autre des villes. Mais l'ère du cycle n'a pas pour autant condamné les innombrables carrioles et charrettes en tout genre qui circulent au pas lent des mules et chevaux dans les bourgs de province, ni celui des fiers cavaliers usant avec dextérité des rênes et éperons…

Transports en commun, en carriole, en camion "guagua", en side-car ou dans cet ancien bus de la RATP, offert par la France, qui termine sa carrière à La Havane.

Quelques règles de bonne conduite

À Cuba, en dehors des circuits organisés, le seul moyen de locomotion est la voiture de location *(Havanauto)* ou le taxi (en ville). Si vous souhaitez faire un périple itinérant, prévoyez de réserver un véhicule auprès de votre tour-opérateur dès l'achat de votre voyage. Inutile en effet de compter sur les transports en commun, puisque même les Cubains en sont cruellement privés. Les distances étant très importantes (Trinidad-La Havane : 380 km ; Santiago de Cuba-La Havane : 970 km), optez de préférence pour un contrat à kilométrage illimité si vous souhaitez vraiment explorer l'île. Les vols intérieurs desservent la majorité des capitales provinciales et représentent une bonne solution pour retourner à la case départ. Mais si vous souhaitez visiter Trinidad ou Guamá, il vous faudra votre propre véhicule, faute d'aéroport à proximité. N'hésitez pas à prendre un 4 x 4 : le réseau routier est relativement en bon état, mais certaines voies, surtout du côté de la sierra Maestra sont encore à l'état de pistes.

Pour voyager en toute tranquillité, voici quelques avis et mises en garde :

- Munissez-vous d'une bonne carte routière.
- Vérifiez bien l'état du véhicule loué, lisez attentivement le contrat d'assurance, renseignez-vous sur votre couverture en cas de vol d'accessoires.
- La signalisation routière est sur le modèle américain. En ville, les feux se trouvent de l'autre côté du carrefour et la plupart des rues sont à sens unique.
- Sur les grandes artères, la voie de droite est réservée aux cyclistes.
- Du fait de la pénurie et du blocus, tous les modes de locomotion circulent sur la voie publique. Méfiez-vous des mules, vélos, charrettes, cars à multiples remorques, etc.
- Le stop est une pratique courante. Un moyen de rentrer en contact avec la population tout en rendant service.
- Les panneaux indiquant les directions sont parfois si affadis par le soleil qu'on ne distingue plus les lettres. Dans les campagnes reculées, le plus sûr moyen de se repérer est encore de demander son chemin.
- Pour l'essence, la chaîne nationale *Cupet* ou sa concurrente *Oro Negro* alimenteront votre véhicule. Chaque grande ville a au moins une station, où vous trouverez de la *especial,* du coca, des gâteaux, du shampoing et divers autres articles d'importation. Les stations sont ouvertes jour et nuit. Le prix de l'essence est comparable à celui pratiqué en France et toujours en dollars.

- Sur les routes, des panneaux indiquent souvent une voie ferrée. Ralentissez d'urgence, sinon gare aux soubresauts !
- Les nids de poule sont légion, les routes n'étant plus entretenues depuis belle lurette. Alors, n'appuyez pas trop sur l'accélérateur et profitez plutôt du paysage.
- N'hésitez pas à garer votre voiture, soit dans un parking d'Etat, soit chez un particulier, ou encore faites-la garder par quelqu'un. Les vols de voitures ou de pièces (rétroviseurs, phares, essuie-glaces…) sont effectivement fréquents.
- La nuit, méfiez-vous des piétons, cyclistes, motocyclistes et autres objets circulants non identifiés faute d'éclairage. Les phares sont souvent en option !

Ci-dessous et doubles pages suivantes : les vieilles américaines brillent toujours de tous leurs chromes à Cuba depuis les années cinquante mais, à la campagne et quand l'essence est rare, le cheval retrouve tout son intérêt…

L'empire des havanes

L'épopée du cigare

Depuis sa découverte en 1492, Cuba a des effluves de cigares, des accents de havane, des parfums de tabac. C'est d'ailleurs une des premières observations que rapportent deux compagnons de Colomb dépêchés à l'intérieur du territoire : ils s'étonnent de l'habitude des Indiens d'aspirer un petit tison composé de plantes appelées *cohiba* ! L'un des deux explorateurs, Rodriguo de Jerez, aurait d'ailleurs été le premier Européen à se convertir à cette manie indigène et cela dès le 5 novembre 1492.

L'introduction du tabac en Europe remonte au début du XVIe siècle. On importe des feuilles de Cuba par cargos entiers (certains sont détournés par les contrebandiers, dont les plus célèbres furent Cartouche et Mandrin) ; on cultive même des plants en Espagne et au Portugal. En France, les premières récoltes ont lieu en 1620 mais sont décevantes. Quant à la fabrication des cigares, elle commence à grande échelle à partir du milieu du XVIIe dans les fabriques de Séville. En 1731, on inaugure dans la ville andalouse les manufactures royales qui acquerront bientôt une renommée internationale. C'est là que, quelques décennies plus tard, naîtra le *puro*, le cigare moderne 100 % tabac grâce à son "emballage" dans une feuille de cape. Durant toute cette période, les Cubains se contentent d'expédier à la Métropole leur récolte, bien qu'ils produisent pour leur consommation personnelle leurs propres cigares. En 1762, les premiers "havanes" apparaissent dans les boutiques de Nouvelle-Angleterre. À la fin du siècle, ils arrivent parcimonieusement sur le Vieux Continent, et leur qualité, sans aucune comparaison avec leurs *alter ego* sévillans, convainc les fumeurs. L'heure des *fabricas* cubaines a sonné. De fait, à partir du début du XIXe siècle, toutes les grandes marques s'établissent : Partagas en 1827, H. Uppmann en 1844, La Corona en 1845 ou encore Romeo y Julieta en 1850 pour ne citer que les plus connues. Le cigare prend alors son véritable essor, les navires à vapeur envahissent le port de La Havane, des nouvelles zones de culture sont exploitées... Les grands havanes raflent les médailles d'or à chaque nouvelle exposition internationale. La mode du cigare est encore renforcée par l'invention d'un marchand hollandais, Gustave Bock, qui a l'idée d'identifier ses créations par une bague. Bientôt, les autres fabriques l'imitent. La tendance va même plus loin puisque, pour satisfaire la demande d'un client prestigieux, elles peuvent apposer une bague personnalisée, voire concocter un "cru" spécial. Ainsi, le clergé ibérique a le privilège de savourer des cigares ecclésiastiques de la tripe à la cape : ses plai-

Une casa de tabaco, *et le séchage des feuilles de tabac.*

sirs tabagiques sont roulés par des prêtres à partir de tabac mis en culture par les moines.

Les *vistas* au style flamboyant et romantique décorent les boîtes, les appellations ont des consonances héroïques ou historiques : en 1935, H. Uppmann lance "Montecristo" en hommage au héros d'Alexandre Dumas, après-guerre, Romeo y Julieta crée "Churchill".

Après une longue parenthèse durant les années trente et quarante, la consommation internationale reprend. Cuba produit alors neuf cent soixante variétés de cigares.

La victoire castriste en 1959 met un instant en péril l'industrie du cigare. Fidel veut regrouper toutes les dénominations sous seulement quatre appellations et collectiviser les terres. Heureusement, les résultats catastrophiques d'une telle mesure font reculer le pouvoir. Les paysans retrouvent leurs champs et les cigares leur nom et spécificité. Seul le "Siboney", destiné au marché local, rappelle cette époque iconoclaste. En 1981, preuve de l'alliance éternelle entre Cuba et sa plante magique, la Cubatabaco peaufine dans la fabrique de Laguito Uno, antre des Davidoff, le "Cohiba". Mélange sublime de crus et de millésimes parfaitement roulé, le Cohiba devient un attribut indispensable des hommes politiques, catégorie fumeurs. Fidel et Raúl donnent l'exemple jusqu'à ce qu'ils arrêtent de fumer.

Aujourd'hui, la production nationale s'élève aux alentours de trois cent millions de pièces dont un petit tiers est exporté, et rapporte la bagatelle de cent millions de dollars. Pour augmenter encore la production, onze nouvelles fabriques ont été ouvertes en 1999.

Des mystères qui s'envolent en fumée

Des graines aux feuilles

Il existe à Cuba une terre rouge, poudreuse et sablonneuse qui s'étend miraculeusement dans toute la Vuelta Abajo, près de Pinar del Río. C'est dans ces 2 % du territoire cubain, et notamment dans les *caballerias* de San Luis et San Juan y Martínez, qu'a lieu la majeure partie de la récolte de tabac nationale.

Le rythme de culture des plants est divisé en quatre étapes : en août, la production de la semence, soit quarante jours précédant l'éclosion des graines, à la mi-septembre les semailles, puis le repiquage dans les pépinières, début octobre, la véritable plantation qui commence par les plants de capes, *corojos,* suivis par ceux destinés à la tripe, *criollos de sol,* et de début janvier à mars-avril, la récolte. Le long de ces sept mois, les planteurs *(vegueros),* surveillent constamment la bonne pousse de leur culture. Un équilibre parfait

Champs de tabac près de Viñales.

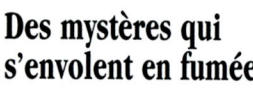

entre ensoleillement, humidité et chaleur est la garantie de la qualité. Une pluviosité trop importante ou un ouragan importun (comme en 1993) et c'est la mort d'une récolte.

Les plants de capes sont tout particulièrement choyés ; ils sont abrités du vent et du soleil par une immense bâche blanche, le *tapado*. Drôle de paysage pour le voyageur qui, de haut, voit se déployer cette mer laiteuse et immobile. Étrange atmosphère pour le curieux qui s'aventure sous le voile tendu et découvre un univers vert et diaphane.

Lors de la cueillette, les feuilles sont triées une à une en fonction de leur étage : plus elles sont basses, plus elles ont manqué d'ensoleillement et sont insipides et pâles, et vice-versa. Une fois coupées, les feuilles sont entreposées dans les *casas de tabaco* où, accrochées deux à deux sur des perches horizontales, elles subissent un premier séchage, une cure d'air. Puis, les perches sont rassemblées pour former un boisseau, ou *gavilla,* pour la première fermentation. Au terme de cette période de vingt à soixante jours selon les feuilles, ces dernières sont humectées d'un mélange d'eau et de tabac. C'est au moment de cette deuxième fermentation qu'a lieu la fête traditionnelle du choix. Chaque *finca* envoie ses *tercios* par ballots numérotés à un jury d'experts chargés de classer les lots.

La dernière et longue période de préparation du tabac se tient à la fabrique. Chaque capitale provinciale en a une, même si les plus célèbres ont leur siège à La Havane. Là, dans des barils de bois, se joue une nouvelle maturation qui durera une ou plusieurs années. Vient enfin le mélangeur à qui incombe la lourde responsabilité de recréer l'arôme spécifique de chaque marque à partir des différentes feuilles en réserve. Le dosage effectué, le mélange est humidifié et enfermé dans une boîte de bois.

Diverses étapes de la fabrication, dans l'atelier d'Etat où sont confectionnés les "Partagas".

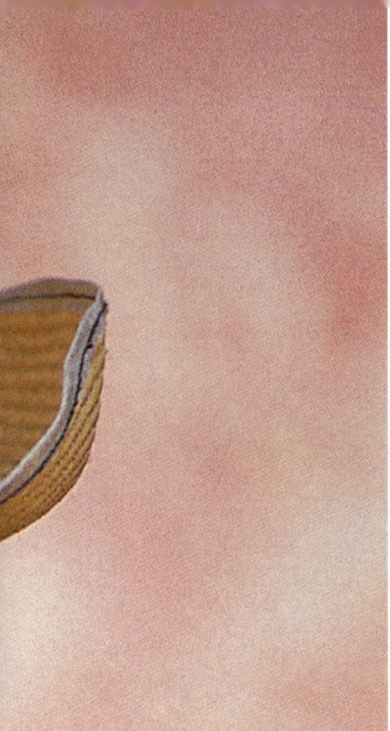

La confection du cigare

La réussite d'un cigare tient à une multitude de gestes infimes répétés sans cesse par les cigariers et cigarières. À la fabrique, il existe plusieurs catégories d'ouvriers. Les écôteuses sont chargées d'enlever la nervure centrale des feuilles de tabac. Pour ce faire, elles posent les feuilles sur une planchette de bois placée sur leur cuisse, d'où leur réputation littéraire fantasmée. Les rouleurs, *torcedores*, hommes ou femmes, confectionnent entièrement les cigares sur un petit pupitre de bois. Ils commencent par former un cylindre de tripe qu'ils enroulent ensuite dans une ou deux demi-feuilles de sous-cape. La "poupée" ainsi obtenue est mise sous presse dans un moule de bois. Après quelques heures et une fois la cape coupée et étalée à l'aide de la *chavette*, le cigarier étend la membrane soyeuse et élastique autour de la poupée puis étête le cigare avant de coller à l'extrémité amputée une vignette prélevée dans la feuille de cape. Enfin, le *torcedor* frotte le module sur sa planchette pour le rendre plus lisse avant de porter un dernier coup de guillotine à sa création. Son œuvre terminée, il ne reste plus qu'à vérifier sa taille dans une calibreuse puis à la regrouper avec quarante-neuf autres dans une demi-roue nouée d'un lien de satin.

Toutes ces manipulations, plus méticuleuses les unes que les autres et essentielles à la saveur finale, se font à la lumière du jour dans un bourdonnement de ruche où se mêlent conversations entre voisins et chansons radiodiffusées. La tradition du lecteur, héritée du XIXe siècle, persiste néanmoins et un silence inégal règne lorsque sa voix s'élève pour reprendre la lecture d'un roman ou d'un article de *Granma*. Le décor semble n'avoir pas changé depuis le début du siècle dernier : les mêmes pupitres que des générations de mains ont creusés, les presses ancestrales, les vieux pieds à coulisse, les pales des ventilateurs qui brassent l'air saturé d'odeurs de tabac, les visages penchés sur leur travail, mâchouillant un petit cigare…

À l'écart de la grande salle se trouve l'entrepôt où les fagots sont conservés dans de grandes armoires. Ils resteront là de quatre à huit semaines avant d'être soumis à un contrôle inflexible de qualité. Un cigare est prélevé sur chaque demi-roue et ouvert pour apprécier la densité de sa tripe, l'enveloppement de la sous-cape. Chaque module est mesuré, calibré, tâté. On procède ensuite à la sélection des couleurs (on distingue 112 teintes du *claro claro* à l'*oscuro* sans oublier le *clarisimo* ou vert). Travail qui exige une acuité visuelle extraordinaire.

Enfin, les cigares sont prêts à leur conditionnement. Ils seront bagués puis mis en boîte, en faisant bien attention de placer face en dessous la partie des capes où transparaissent de minuscules veines. Les boîtes sont habillées aux couleurs de la marque, avec parfois les médailles récoltées au XIXe siècle, tandis qu'à l'intérieur les *vistas* font le bonheur des collectionneurs. Touche finale, le sceau de garantie qui fut imposé par le gouvernement cubain en 1912 et qui, à l'époque des contrefaçons et du marché noir, est le seul moyen de s'assurer de la provenance cubaine des havanes.

Profitez d'un séjour à La Havane pour visiter une manufacture. Les fabriques Corona, calle Zulueta, près du musée de la Révolution, et Partagas, calle Industria, vers le Capitole, proposent des visites guidées en semaine d'autant plus instructives si l'on comprend l'anglais ou l'espagnol. Vous pourrez également faire un saut à la Casa del Tabaco, où sont entreposés des cigares dignes d'entrer dans le livre des records. Un spécimen mesure six mètres de long ! Jolie collection de sceaux.

Une mise en garde s'avère ici nécessaire. Dès votre arrivée à La Havane, et dans tous les sites touristiques, des jeunes gens vont vous interpeller pour vous vendre des boîtes de havanes à des prix défiant toute concurrence. L'opération est à vos risques et périls. Si certaines boîtes ont été constituées de modules volés à une fabrique, d'autres sont simplement des importations falsifiées ! Cette réserve mise à part, le jeu en vaut parfois la chandelle.

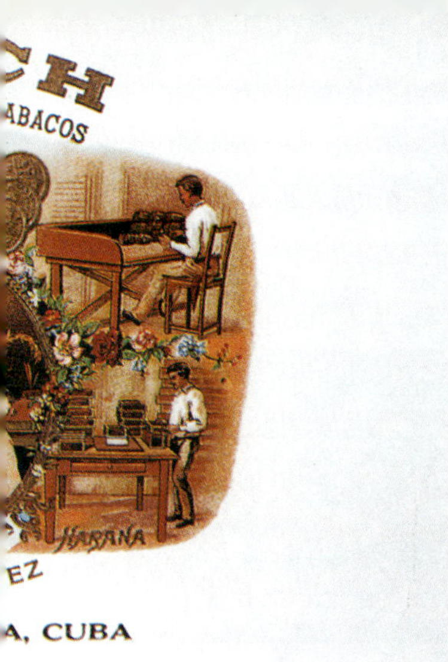
ABACOS
HABANA
EZ
A, CUBA

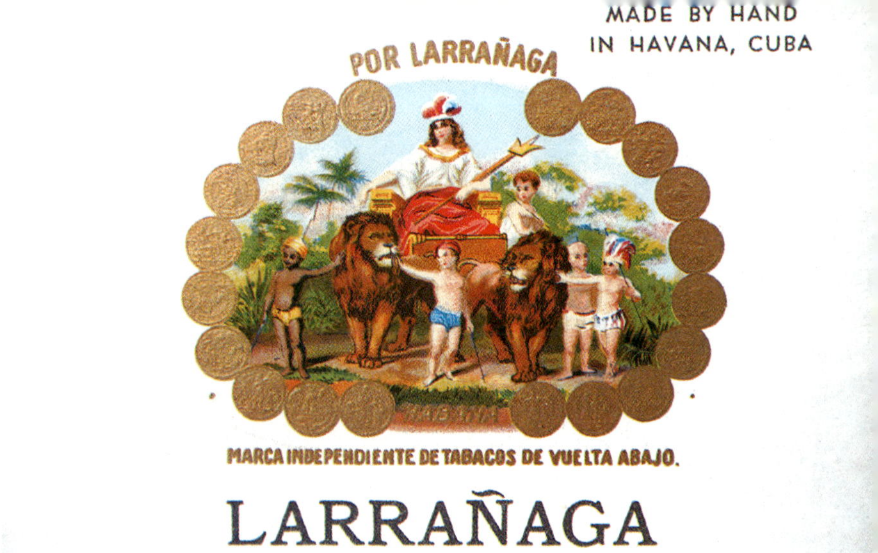
MADE BY HAND
IN HAVANA, CUBA
POR LARRAÑAGA
MARCA INDEPENDIENTE DE TABACOS DE VUELTA ABAJO.
LARRAÑAGA

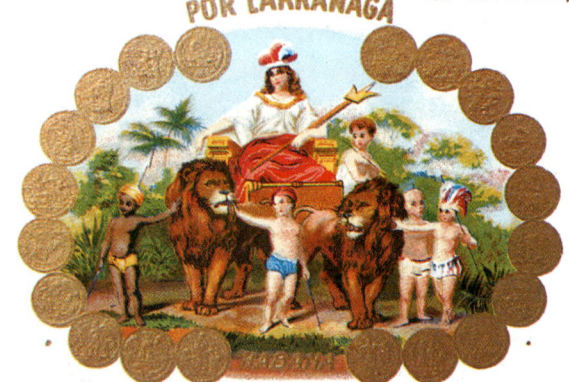

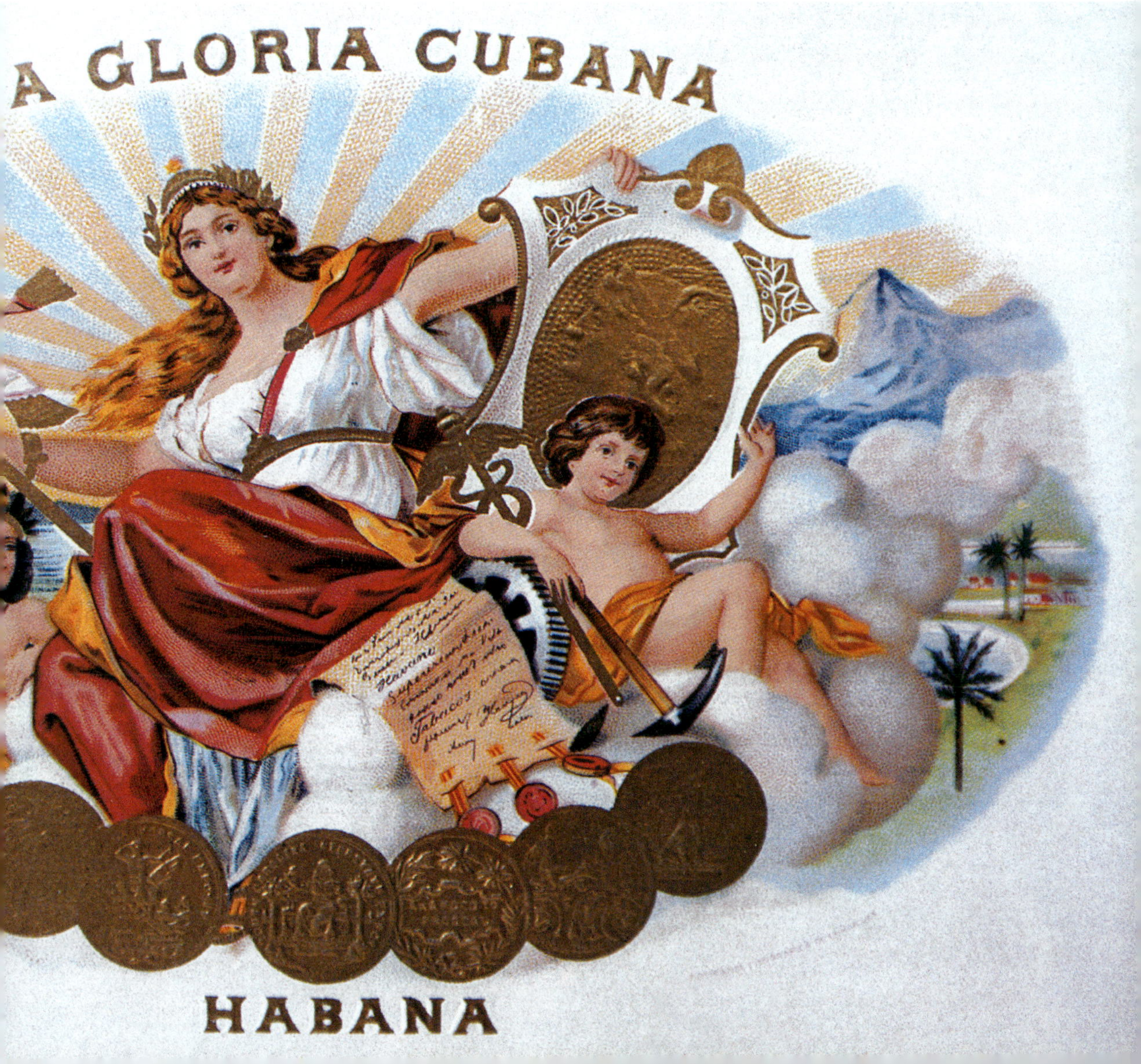
A GLORIA CUBANA
HABANA

Un peuple haut en couleur

La société cubaine est le fruit d'un foisonnement généreux où s'entremêlent sans jamais se heurter les héritages pluri-ethniques de l'archipel. Tout est marqué par ce syncrétisme régénérateur, la religion, les loisirs ou tout simplement la vie de chaque jour.

Une mosaïque ethnique

Le premier métissage est avant tout celui de la population. À Cuba, tous les dégradés sont permis, du noir ébène des descendants africains au blanc laiteux des Andalouses en passant par l'éclat cannelle des chabines.

Les Blancs représenteraient, selon le dernier recensement, qui remonte à 1981, 66 % de la population. Une telle proportion prête néanmoins à caution dans la mesure où la tendance est volontiers au blanchissement, puisque même la femme du directeur du Centre d'études africaines a cédé à la mode en faisant refaire son nez ! Les démographes ayant séjourné dans l'île avancent plutôt des chiffres inférieurs à 55 %.

Les Blancs sont pour la plupart des Créoles descendants d'Espagnols pauvres, originaires de Galice, d'Estrémadure ou des îles Canaries et venus à Cuba faire fortune. Ils ont hérité de leurs ancêtres une stature plutôt petite, un regard fier, l'amour des *azulejos,* des éventails et du coup de peigne, la passion de la danse et un sens inné de la coquetterie. Même en ces temps de période spéciale, les femmes portent rouge à lèvres et vernis à ongles. On constate un vrai recul de la population blanche dans le *melting-pot* cubain, conséquence de l'exil post-révolutionnaire (quatre cent mille Cubains à 96,4 % blancs) et d'un différentiel des taux de fécondité au profit de la communauté noire.

Les Noirs sont pour la plupart les descendants des six cent mille esclaves importés d'Afrique occidentale du XVIe au XIXe siècle. Après l'arrêt de la traite et l'interdiction de l'esclavage, Cuba, au début du XXe siècle, fit venir de Haïti et de la Jamaïque quelque deux cent cinquante mille Noirs, chargés d'exploiter le tabac ou la canne à sucre dans les provinces centrales et orientales du pays. Les Noirs ont été, jusqu'à l'avènement du castrisme, victimes d'un apartheid très ancré dans la société. Ainsi, à Cienfuegos, les Noirs et les Blancs avaient un trottoir réservé de part et d'autre du Prado. À La Havane, les grands hôtels étaient interdits aux personnes de couleur, seuls les grooms et autres voituriers avaient la peau mate. Un des chevaux de bataille de la révolution a été l'éradication

A droite : cette jeune Cubaine s'est faite toute belle pour son Quinceaños, *la fête que célèbrent tous les adolescents de quinze ans.*

Autel et offrandes pour la pratique de la santeria

du racisme. Pari réussi en apparence, comme le remarque Martha Gellhorn, troisième épouse d'Hemingway lors d'une visite-pèlerinage à Cuba. Ce qui la frappe

Le Christ du Castillo del Morro.

le plus après quarante ans d'absence ? La liberté et la multitude des *colored people*. Pourtant, on peut toujours s'interroger sur la faible proportion de Noirs à des postes dirigeants (seulement deux Noirs sur quatorze membres du Conseil d'Etat, quatre généraux sur quatre-vingt-quinze).

D'origine Yoruba, Congo, Carabali ou Arara, les descendants des esclaves ont réussi à préserver leur identité essentielle. Malgré les pressions d'une Église catholique souveraine puis celles d'un régime athée, ils n'ont jamais renié leur culture faite de mythes fondateurs, de vieux dictons, de rythmes endiablés et d'*orishas* exigeants et fantasques.

Dans ce pays si sensible à l'amour, la tentation était trop forte pour que les deux communautés restent à jamais séparées. Très vite, le métissage a commencé et, dès 1574, le gouvernement espagnol reconnaît les mariages mixtes. De ces unions, jusqu'à très récemment méprisées par la "bonne" société, sont nés des dizaines de milliers de sang-mêlé. Le général Antonio Maceo, héros de la guerre d'indépendance, est un des plus célèbres.

Dernière composante du paysage humain de l'archipel : les Asiatiques. Au total, plus de cent vingt mille Cantonais ont émigré vers Cuba dans la seconde moitié du XIXe siècle. Ils sont regroupés à La Havane autour de cuchillo de Zanja. Cette artère est aujourd'hui devenue une ruelle maquillée en petit quartier chinois. En fait, l'immigration chinoise a été stoppée en 1959 et les descendants se sont si bien intégrés que cette minorité est en voie de disparition. Une colonne de granit célèbre leur loyauté lors des guerres d'indépendance.

Le Pabellon Cuba, Calle 23, dans le Vedado, raconte avec force objets et photos l'histoire du peuple cubain.

Une religion renaissante

Pour l'Eglise catholique, le castrisme s'est apparenté à une longue traversée du désert. Si le catholicisme n'a jamais pu

Jeunes cadets de l'école militaire de La Havane.

compter à Cuba sur une foule de pratiquants, la majorité de la population était néanmoins baptisée et se soumettait aux principaux sacrements. Certes, les Cubains n'ont jamais été des grenouilles de bénitier et rares sont les villages possédant une église. Mais Castro, en soustrayant à l'Eglise ses écoles et dispensaires, priva celle-ci de ses principaux moyens de pénétrer la société civile. En 1976, le premier congrès du Parti renforce le ton en faisant une priorité de « *l'éradication des croyances religieuses au moyen de la propagande du matérialisme scientifique* ». Peine perdue, comme a su l'analyser le *lider* lui-même qui tente depuis quelques années une opération séduction envers l'Eglise. La résurgence du culte de la Madone blanche de la Charité du Cuivre est un signe parmi tant d'autres d'un retour du religieux. En 1990, on compte deux cent cinquante prêtres et quatre cents religieuses et les baptêmes célébrés sont en nette augmentation. Finalement, Fidel a adouci son attitude vis-à-vis de l'Eglise. Il s'est ainsi rendu au Vatican en 1996 et a accueilli le pape en 1998. Celui-ci a pu célébrer de nombreuses messes dont une géante sur la place José Martí à La Havane.

La *santeria*

Mais évoquer la religion à Cuba, c'est avant tout parler de la *santeria*, un culte fusionnant les rites africains et l'enseignement catholique. Pour être exact, il existe quatre "règles" afro-cubaines : la règle lucumi, ou *santeria,* la plus pratiquée, est héritée des Yorubas ; la règle Palo Monte, plus magique, vient du Congo ; la règle Arara, importée du Dahomey et du Togo, est plus éloignée du catholicisme ; et la règle Abacoa, originaire de Calabar, plus organisée et fermée. Ces différentes pratiques sont nées de la résistance à la mainmise coloniale évangélisatrice.

La foi cubaine est conciliante, naïve, spontanée et superstitieuse. Elle intègre volontiers de nouvelles croyances. Le prêtre ne fait pas concurrence au *babalao,* guide spirituel de la *santeria,* la Virgen del Cobre et Ochun, mi-déesse mi-sainte de l'amour, des fleuves et de l'or sont toutes deux patronnes de Cuba, les saints catholiques ont leur équivalent *orisha,* démon africain. Les *orishas,* comme dans la mythologie grecque, ont une histoire propre et interviennent dans le destin des hommes. Les principaux *orishas* sont le vieil Orula (Saint-François d'Assise), époux de Ochun, devin, maître du *tablero de Ifá* et de l'*okuele,* collier qui prédit l'avenir, Changó (Sainte-Barbara), guerrier, amant d'Ochun, aux couleurs rouge et blanc, et Yemayá (Vierge de Regla), celle qui ouvre les chemins, toute de bleu vêtue. L'île compterait aujourd'hui environ dix mille *babalaos* et des milliers de *madri-*

Ça bouge pas mal, à La Havane. Lors du carnaval comme au cabaret Tropicana, les débauchements sont ravageurs...

nas (marraines) que les fidèles consultent à propos de tout et de rien, à la recherche d'une parole réconfortante ou d'un conseil amical. Dans les maisons et appartements, il n'est pas rare de voir des petits sanctuaires dédiés à tel ou tel *orisha,* à qui l'on donne en offrande une fleur ou un bonbon. En 1985, le roi des Ifé, chef religieux des Yorubas, est venu rendre visite à ses frères cubains.

Pour se familiariser avec les rites afro-cubains, on peut se rendre d'abord à Regla au Museo Municipal ainsi qu'à Guanabacoa au Museo Historico. Une petite partie de la Casa de Africa, Calle Obrapia, n° 157, La Habana Vieja, est consacrée à la *santeria* et à la secte secrète Abakua. Fermé dimanche et lundi.

L'amour de la danse et de la musique

À Cuba, Euterpe et Terpsichore forment un couple sensuel, amoureux, harmonieux, indestructible et omniprésent. Partout où vous allez, la ville retentit des rythmes chaloupés de quelque salsa enchanteresse. La nuit, les hôtels, à l'aide de vieux tourne-disque ou de chaînes hi-fi *made in Taïwan* distillent à tue-tête les dernières chansons des Los Van Van ou de Pablo Milanes. Sous les arcades branlantes du Prado, des jeunes se réunissent au son des tambours et autres instruments de fortune, le temps d'un coucher de soleil tout en douceur. Dans les restaurants, des musiciens habillés de l'élégante *guayabera* entonnent un répertoire national ancestral, et glissent de temps à autre un refrain de *la Vie en rose* ou de *la Mer.* Des fêtes s'improvisent dans les étages d'un immeuble rose baroque du Malecón, les boîtes du Vedado attirent touristes et Cubaines affriolantes, l'université organise des bals à chaque occasion, les casas de la Trova de Trinidad et de Santiago égrènent des airs de ballades populaires, la place de la Cathédrale et la Vieille place de La Havane se transforment en salles de concert chaque après-midi comme des dizaines d'autres places en province... Les hanches se déhanchent, les pieds s'échappent, les doigts claquent, les yeux se perdent... nul ne résiste très longtemps au pouvoir envoûtant des rythmes afro-cubains.

À l'origine était le *danzon,* contredanse française apportée par les boucaniers malouins ou normands. Mais l'âme cubaine a toujours préféré les mélanges aux produits purs, les cocktails aux "secs". Aussi, la contredanse fut-elle réinterprétée avec un zeste d'hispanicité et de négritude. Cela se passait au XIXe siècle, et avait la gaieté des bals musettes des bords de Marne.

Le *son* est une autre dérive du *danzon.* L'orchestre, composé de violons et d'une contrebasse, s'est enrichi de percussions à la mode africaine, bongos, maracas, timbales et clochettes... Des tas d'instruments insolites refont surface : le *tres,* une guitare à trois cordes, la *marinboula,* une caisse de résonance, une dent de charrue, les *claves,* bâtonnets de bois dur et

Les costumes traditionnels envahissent les podiums du carnaval, tandis que les cabarets optent pour des déferlements de strass et de paillettes.

sonore. Un dialogue improvisé s'installe entre le chœur des chanteurs et un conteur ; les corps des danseurs accompagnent de leurs pas cette suave mélopée. À partir des années 1920, le *son* cubain fit des ravages. Orlando de la Rosa, Mario Fernández Porta, Pedro Vargas étaient à leur apogée. L'air *Nous nous sommes tant aimés* envahissait La Havane.

La *rumba*, et ses dérivées comme la *comparsa* et la *guaracha*, avec son usage libre des percussions, est une vieille cousine du *son*. Sa création est indatable, même si, dès le XVIe, des chroniqueurs évoquent des danses « *contraires à la pudeur* ». Elle existe, sous des noms parfois différents, partout en Amérique latine. Pantomime qui traduit les jeux de l'amour et du désir, elle est récit, tempo, oscillations, abandon. Aux temps prérévolutionnaires, les cabarets de la plage de Marianao où se produit Panchito Riset raffolent de cette danse exhibitionniste, exquisément charnelle.

Autre origine, autre style. Le *zapateo* venu d'Andalousie, avec ses coups de talons sonores et rapides comme l'éclair, rappelle le flamenco flamboyant. Il est surtout pratiqué par les paysans blancs. Mais le génie de l'invention musicale n'allait pas s'arrêter en si bonne voie. Dès les années 1930, l'influence du jazz voisin — la patrie du jazz n'est-elle pas la Louisiane — se fait sentir. Les premiers, Orestes López et Bebo Valdés, se lancent dans l'aventure d'un nouveau rythme, le *mambo*, sur une base de *danzon* revue façon jazz. Bientôt, d'autres comme Damaso Pérez Prado et Beny Moré, surnommé Barbare du rythme, à la voix limpide et puissante, suivent le pas. Et le *mambo* à son tour fait tourner tailles et épaules ! Dans les années 1950, des *big bands* apparaissent avec un répertoire cubain unique et original.
Vers la même époque, un autre Cubain, Enrique Jorrin, inspiré par le bruit de ses pieds frottant le sol lance la mode du… cha-cha-cha. Qui ne se souvient du lascif cha-cha-cha de Brigitte Bardot dans *Et Dieu créa la femme ?*

Les siècles passent, les régimes changent, mais la musique cubaine reste toujours aussi jeune, imaginative, populaire et entraînante. Le récent succès de Compay Segundo en est une preuve éclatante. Ibrahim Ferrer au timbre de voix si particulier, Omara Portuondo, Eliades Ovhoa et Ruben Gonzales ont soulevé l'enthousiasme partout où ils sont passés durant leur tournée en France. Les disques et compilations de musique cubaine forment un étalage à part chez les disquaires.

Pour goûter aux joies et à l'ambiance inimitable d'une soirée musicale, le meilleur rendez-vous est sans doute le mercredi en fin d'après-midi dans le jardin de l'UNEAC (Union nationale des écrivains et artistes cubains), esq. 17 y h, dans le Vedado. Il y a de la *trova* dans l'air !

La musique et la danse sont avant tout les occasions de laisser s'exprimer les corps.
Pages précédentes :
94-95 : une beauté du Tropicana, *le rythme dans la peau.*
96-97 : trois jeunes beautés en toilettes romantiques sur la place de la cathédrale à La Havane.
98-99 : vêtus comme un couple de conte de fées, deux jeunes fêtent leur Quinceaños.
100 : en haut, le bal est ouvert pour les jeunes gens de bonne famille ; en bas, des petits rats qui espèrent marcher dans les pas des étoiles du ballet national cubain.
101 : autre expression artistique, un casting de jeunes mannequins ; de toute évidence, la beauté cubaine est parfaitement multiraciale.

La musique classique

Mélomanes au plus profond de leur âme, les Cubains sont aussi férus de musique classique, opérettes et *zarzuelas,* comme le démontre la multitude de théâtres et opéras dans toutes les capitales provinciales. À La Havane, en 1950, est inaugurée une nouvelle salle de six mille six cents places, la plus grande du monde. Toute la bourgeoisie, petite ou moyenne, s'empresse aux concerts donnés par Rosita Fornés, Rita Montaner, se passionne pour les amours des cantatrices. Caruso et Schipa sont des vedettes. Les meilleurs chefs d'orchestre, violonistes, pianistes et solistes viennent du monde entier : Karajan, Menuhin, Horowitz, Rubinstein, Élisabeth Schwarzkopf. Des compositeurs cubains, Gonzalo Roig, Ernest Lecuana, Julian Orbon, José Ardévol, Gramatges et bien d'autres écrivent des partitions ; une grande musique tropicale, héritière des courants Stravinski, Poulenc, Gershwin, Satie et Villa-Lobos, voit timidement le jour et accompagne les ballets afro-cubains de la magnifique Alicia Alonso. À partir de la révolution, la musique "classique" cubaine, soumise à un dogmatisme réducteur, choisit en majorité l'exil ; ceux qui restent doivent se plier aux consignes de la modernité et de la cause populaire (les œuvres s'intitulent *la Mort du guérillero* ou *Devant le portrait de Marx*) ; ceux qui résistent tombent dans l'oubli et la pauvreté, leurs œuvres sont censurées. La grande musique est un plaisir petit-bourgeois, donc à abolir.

Le musée national de la Musique, calle Capdevilla, au bout du Prado, présente une belle collection d'instruments locaux ou importés, allant de somptueux pianos à queue à de rudimentaires tambours.

L'autre grand amour cubain : le sport

Le sport est une priorité du régime. Tous les écoliers sont entraînés dans des stades et des gymnases. Depuis la

Ci-dessous : gymnastique sur le Prado. À droite en haut : sport le plus populaire de Cuba, le base ball est pratiqué partout et par tous. En bas, érigés presque au rang de sport cérébral, les parties de dominos animent bruyamment les rues.

révolution, l'archipel se place sans conteste au premier plan des grandes nations sportives. Pour preuve, la grande rafle de médailles par l'équipe nationale lors des jeux panaméricains organisés à La Havane en 1991, la récolte de l'année suivante aux Jeux olympiques de Barcelone n'est pas en reste non plus puisque Cuba y remporte trente et une médailles dont quatorze d'or. Saut en hauteur, course, escrime, boxe, volley-ball, judo, pelote basque et bien sûr base-ball, les Cubains sont partout. Les athlètes sont ici de véritables héros encensés par la presse et adulés par la population. Ainsi, Ana Fidelia Quirot, médaillée d'argent au 800 m à Barcelone, est devenue un emblème national de courage après sa nouvelle victoire à Atlanta alors qu'elle avait été gravement brûlée.

Le base-ball est ici l'équivalent de notre football. Il passionne les supporters, occupe les jeunes jusque sur les terrains vagues. Il est baptisé *"beisbol"* ou *"pelota"* et aurait, selon la rumeur locale, été inventé par les Indiens originaires de l'île. Aux J.O. d'Atlanta où cette discipline était pour la première fois inscrite, Cuba a gagné la médaille d'or devant les Américains. En 1999, un match vit s'affronter les Orioles de Baltimore et l'équipe havanaise dans le stade de La Havane – une première – avant le match retour à Baltimore. Avec une victoire de chaque équipe, le score final fut donc équilibré.

Castro, fier comme tout de ces résultats, fait de ces prouesses sportives une nouvelle vitrine du socialisme et surtout, avec un sens pragmatique très capitaliste, commercialise ces talents. Les services des entraîneurs cubains sont ainsi vendus au Venezuela !

Pour assister à un match de base-ball, renseignez-vous sur les rencontres dans la presse locale. Celles-ci ont lieu au Estadio Latinoamericano, à Cerro.

A gauche : la jeunesse cubaine profite de tous les espaces qui lui sont offerts pour dépenser sans compter toute son énergie.

Ernesto Garrido, une légende de la boxe

Ce retraité de Santiago au visage marqué n'est pas n'importe qui, puisqu'il s'est battu le 16 octobre 1946 contre un certain Marcel Cerdan. Cela se passait aux États-Unis, le jury attribua la victoire aux points au Français. De ce combat, Ernesto garde un souvenir mémorable, ainsi d'ailleurs que des deux années passées à New York. Il se souvient des innombrables brimades qu'il a dû supporter à cause de la couleur de sa peau. De retour au pays, il a accueilli avec joie la victoire castriste, signe de la fin d'un racisme officiel. Après avoir encaissé pas mal de coups et asséné pas mal d'autres, il s'est retiré du monde de la boxe et a travaillé dans une gare. Aujourd'hui, il profite de la retraite paisiblement avec sa femme et apprend à ses petits-enfants le B.A.-BA du parfait boxeur. Mais, ce qu'il préfère, c'est se promener dans les ruelles animées de Santiago de Cuba.

Les arts dans tous leurs états

La littérature

Cuba est un formidable creuset culturel qui n'a jamais cessé de produire des artistes et écrivains de grand talent.

Le cercle des poètes disparus (ou exilés)

L'expression écrite cubaine par excellence est la poésie. Qu'on se souvienne des vers de José Martí, des recueils de José Maria de Heredia ou de la tradition encore vivace des troubadours...
À partir des années 1940, une nouvelle génération d'écrivains apparaît.
José Lezama Lima (1912-1976) est le guide spirituel et charismatique de ce microcosme culturel. En 1944, il fonde la revue *Origenes* (quarante numéros entre 1944 et 1956) où sont publiés poèmes, nouvelles, articles, critiques d'artistes cubains ou étrangers. Seul critère de sélection : le talent. Aucune ligne éditoriale ou polémique n'est inscrite, même si une certaine dominante se dégage qui met l'accent sur l'être intime et paradoxal, sur les interrogations métaphysiques essentielles en dehors de toute référence temporelle. *Origenes* est alors la principale revue culturelle de langue espagnole, que les milieux intellectuels français, anglais, américains et latino-américains s'arrachent. Auteur de poèmes, d'essais et de romans, José Lezama Lima est un écrivain prodigue. Son génie hermétique et inimitable fait de son œuvre un monde à part, un peu à l'image d'*Ulysse* de James Joyce, ou de *À la recherche du temps perdu* de Proust. Ouvrir un roman lézamien, c'est se plonger dans un espace multidimensionnel où le récit n'est jamais une trame qui défile, mais plutôt une spirale qui tourne sur elle-même allant de métaphores en paraboles, de digressions en symboles, de références culturelles en mémoire autobiographique. La langue est maniériste sans jamais être travaillée, elle respire à longues inspirations verbales et vous laisse abasourdi, comme enivré par cette débauche de mots.
L'œuvre maîtresse de Lezama est *Paradiso*, publié en 1966. À travers le dédale analogique propre à son auteur, on pénètre dans une Havane atemporelle, mythique, surréaliste, pleine de personnages gargantuesques où s'entrecroisent cultures et destins dans un carnaval incessant.

Autre grande figure de la littérature cubaine contemporaine : **Virgilio Piñera**. Grand ami de Lezama malgré quelques querelles "définitives", il est en quelque sorte son négatif. Alors que Lezama est catholique, il est athée et existentialiste ; le premier cultive une prose généreuse, envahissante, le deuxième préfère la verdeur acerbe du langage populaire ; l'un est grand, obèse, monumental, l'autre est chétif, gringalet. Un point commun les réunit néanmoins : leur érudition. L'univers de Piñera est angoissant, absurde, amer et ironique. Dans ses récits qui s'apparentent souvent à des contes, on ne sait jamais où se trouve la frontière entre le réel et le fantastique. Sa verve s'exprime aussi à travers des pièces modernes dans la mouvance de Beckett et de Pinter comme *Electra Garrigo* ou *Falsa Alarma*.
Refusant l'exil comme son complice Lezama de la rue du Trocadéro, et en dépit des vexations du régime castriste, Piñera restera à Cuba. Sa prose sera censurée.
Une des œuvres majeures de Piñera, *Nouveaux contes froids,* est parue au Seuil.

Guillermo Cabrera Infante est un autre enfant turbulent et surdoué de la génération *Origenes*. Son roman *Trois tristes tigres* célèbre La Havane à la façon fellinienne avec un sens aigu de l'exagération, de la tragi-comédie, du grotesque et de l'allégorie. Le récit, plus ou moins autobiographique, est chargé des fantasmes de l'auteur, de son appétit sensuel jamais assouvi. Son écriture libre, irrévérencieuse, directe, vous emmène dans les chaudes nuits havanaises, folles de femmes désirables, de danses entêtantes et de rêves de pacotille.
Le plus hexagonal des écrivains cubains est sans aucun doute **Eduardo Manet,** citoyen français depuis 1979 et qui écrit ses romans dans la langue de Molière. En 1996, il reçoit le prix Interallié pour son

livre *Rhapsodie cubaine*, une saga de l'exil et du déracinement. Il est aussi l'auteur de *Zone interdite*, *l'Île du lézard vert* et *Habanera*.

Moins connu en France, **René Vasquez Diaz**, après avoir étudié en Pologne, a finalement choisi de s'exiler définitivement en Suède, à Malmö où il organise des rencontres entre écrivains cubains de "l'intérieur" et de "l'extérieur". Ses romans *l'Île du Cundeamor*, *Frederika au Paradis*, *l'Ère imaginaire* sont publiés aux éditions José Corti.

Guillermo Rosalés est parti en Floride. Comme son personnage William Figueras dans son roman *Mon Ange* paru chez Actes Sud, il ne peut se faire à cette société de consommation. Mis à l'écart par sa propre famille, placé dans un *"boarding-home"*, mi-pension, mi-asile de fous, il se suicide finalement en 1993, laissant derrière lui une œuvre puissante et écœurée.

Né en 1955 à La Havane, **Leonardo Padura** est publié chez Métailié. On lui doit *Electre à La Havane*, *l'Automne à Cuba* et *Passé parfait*.

Pedro Juan Gutiérrez signe avec *Trilogie sale de La Havane* une vaste chronique de la vie dans la capitale cubaine à travers le journal égocentrique et délirant d'un homme déchu. Le narrateur ne survit dans ce régime que grâce à sa frénésie sexuelle et à quelques rasades de rhum de plus ou moins bonne qualité. **Zoé Valdés**, née en 1959, a quitté Cuba en 1995 et vit aujourd'hui à Paris. Écrivain prolifique, elle trace au fil de ses histoires abracadabrantes un portrait surréaliste, noir, cruel et nostalgique aussi d'un pays révolutionnaire au bord du gouffre. *Le Pied de mon père*, inspiré de sa vie sans être autobiographique, est son livre le moins désespéré.

La liste des écrivains cubains en rupture d'île est encore longue, de l'onirique rebelle **Reinaldo Arenas** à la "chercheuse" de légendes **Lydia Cabrera** en passant par le très parisien **Severo Sarduy**…

Les enfants sages

Deux écrivains échappent à la règle de l'exil, intérieur ou extérieur. Alejo Carpentier et Nicolás Guillén, revenus après l'avènement de la révolution, sont les ambassadeurs officiels de la littérature.

Alejo Carpentier (1904-1980), fils d'un capitaine breton devenu architecte et d'une danseuse russe, est longtemps un déraciné. Après avoir passé sa jeunesse à La Havane, il choisit l'exil sous la pression de la dictature Machado. Ses terres d'asile seront tour à tour Paris, puis Caracas. Sa grande culture, sa sensibilité toujours en éveil lui permettent de trouver partout où il va des complicités intellectuelles. Ainsi, il côtoie l'avant-garde intellectuelle parisienne, Vitrac, Prévert, Queneau, Artaud, avant d'être accueilli à bras ouverts par la bourgeoisie vénézuélienne modernisme. Cet éternel exilé, jusqu'à la victoire castriste, baigné

Alejo Carpentier signant le Partage des eaux, élu meilleur roman étranger en France en 1956.

Brève bibliographie romanesque

- Guillermo Cabrera Infante, *Dans la paix comme dans la guerre* et *Trois tristes tigres*, Gallimard, *La Havane pour un infant défunt*, Seuil.
- Alejo Carpentier, *la Danse sacrale* et *le Siècle des lumières*, Seuil.
- Nicolás Guillén, *En tournant la page*, recueil de poèmes, est paru aux éditions Actes Sud.
- Pedro Juan Gutiérrez, *Trilogie sale de La Havane*, Albin Michel
- José Lezama Lima, *Paradiso, le Jeu des décapitations* et *Oppiano Licario*, Seuil, *Dador* et *Introduction aux vases orphiques*, Flammarion.
- Virgilio Piñera, *Nouveaux contes froids*, Seuil.
- Zoé Valdés, *la Sous-développée, le Sang bleu, le Néant quotidien, la Douleur du dollar*, Actes Sud.

de culture européenne, slave et latino-américaine, reste pourtant fidèle à sa patrie natale. *La danse sacrale* et *Le siècle des lumières* (Seuil) rendent tous deux hommage à sa chère "Cité des colonnes". Son style baroque, son érudition phénoménale, son intimité avec ses personnages, son inventivité le placent parmi les plus grands romanciers de son pays, à l'égal d'un Malraux ou d'un Hemingway.

Conseiller culturel de Cuba en France dans les dernières années de sa vie, il meurt à Paris en 1980. À deux pas de la *Bodeguita del Medio*, rue Empedrado à La Havane, le centre culturel Alejo-Carpentier retrace la vie et l'œuvre du romancier.

Nicolás Guillén (1902-1989) est le poète de la vie cubaine, des échecs, du tango, des palmiers, de la canne à sucre, de la nuit tropicale… Il est aussi le chantre du régime avec ses odes dédiées au Che ou aux *macheteros*. Il rythme ses vers sur le tempo du jazz avec une musicalité très créole.

Le colosse de Cojímar

Le plus célèbre immigré de l'archipel est sans aucun doute **Ernest Hemingway**. Le régime d'ailleurs ne manque pas d'encenser ce Yankee de la race des pêcheurs qui passa presque trente années à voguer entre terre et mer cubaines.

De sa première visite en 1932 à son dernier départ en 1960, il connaît à Cuba l'affection de deux épouses, de dizaines de chats et de quatre chiens ; il se lie d'amitié avec les pêcheurs de Cojímar, "les enfants de la mort", les barmen de la *Bodeguita del Medio* et du *Floridita,* la putain Liliana-l'honnête ; il fréquente les plus humbles, contrebandiers, éleveurs de coqs de combat, petites frappes, joueurs de base-ball ou de pelote basque et ignore superbement la communauté ABC (Américains-Britanniques-Canadiens) havanaise ; il invite dans sa Finca Vigia quelques intimes renommés, Spen-

Page de gauche : la chambre qu'occupait Hemingway à l'hôtel Ambos Mundos.
Ci-dessous : image d'hier, Ernest Hemingway pose avec Gregorio Fuentes Betancourt, inspirateur de l'illustre personnage du Vieil Homme et la mer. *A droite, Gregorio, havane et verre de rhum à la main, pose dans sa cuisine quelque temps avant sa mort… à 104 ans !*

cer Tracy, Marlene Dietrich ou Cary Grant, mais apprécie surtout la compagnie des anciens de la guerre d'Espagne, des toreros, des boxeurs et chasseurs émérites. Jamais tranquille, il doit à sa célébrité de ne pouvoir à aucun moment goûter vraiment la solitude, d'où ses fuites perpétuelles sur ce qu'il appelle un "fleuve", le Gulf Stream.

Écrivain puissant, il s'inspire des innombrables figures pittoresques du peuple cubain, de ses amitiés fugaces au hasard d'une soûlerie mémorable, pour rédiger ses romans : *En avoir ou pas, Iles à la dérive* et son petit chef-d'œuvre *le Vieil Homme et la mer* qui lui valut son prix Nobel. En recevant le prix, Hemingway ne manque pas de rendre hommage à son village d'adoption : « *C'est un prix qui appartient à Cuba, car mon œuvre a été créée et pensée à Cuba avec les gens de Cojímar dont je suis citoyen.* »

Après avoir choisi refuge dans la chambre 511 de l'hôtel *Ambos Mundos,* dans la rue Obispo au cœur de la cité havanaise, Hemingway loue une maison moderne et plutôt inesthétique sur les hauteurs de San Francisco de Paula, bled maigrelet à la périphérie est. Lorsqu'en 1940, il acquiert la Finca Vigia, l'heure des aménagements a sonné. À grands renforts de barres à mines et de sueur, la

Portrait de Hemingway lors d'un safari africain.

propriété se transforme, le jardin éclabousse de fleurs tropicales, amandiers et palmiers, une tourelle et un bungalow pour les invités sont construits.

Dès lors, les escapades du "Vieux" sont surtout nocturnes ou maritimes. Ses repères havanais sont, outre le *Floridita daiquiri* et la *Bodeguita mojito,* tous les bars de la Vieille Havane, les restaurants *Centro vasco* et *La Zaragozana,* l'épicerie *The Morro Castle*. À Cojímar où dort

son bateau *Pilar*, il discute avec les marins du coin avant de rejoindre son skipper Carlos Guttiérez pour une nouvelle quête du marlin.

Et le temps s'écoule comme une inexorable hémorragie. L'inspiration et la santé de fer semblent peu à peu se tarir. En 1960, après avoir serré la main de Fidel Castro lors d'un concours de pêche (son unique rencontre avec le *lider maximo*), il prend le chemin du retour aux USA. Il se suicidera un an plus tard, le 2 juillet 1961.

Lorsqu'on demandait à Hemingway ce qu'il aimait à Cuba, il répondait : « *Les gens vous demandent pourquoi vous vivez à Cuba, et vous dites que c'est parce que vous aimez ça. C'est trop compliqué d'expliquer le tout petit jour sur les collines au-dessus de La Havane où chaque matin est frais et neuf, même au jour le plus chaud de l'été.* »

Sur les traces de "papa"

La Finca Vigia

À la Finca Vigia, fermée le mardi et après 16 heures les autres jours, le temps respire encore l'air d'Hemingway. Le décor est tel qu'il était. Seuls les arbres ont poussé. Dans la maison principale, les meubles, livres, souvenirs de chasse, tableaux de Gris, Masson ou Miró, sont immobiles et intacts. Ordre immuable des choses contre l'usure du temps. Quelques photos d'Ernest et de Mary (Welsh) ou des fils de l'écrivain. Dans la salle à manger, le couvert est dressé pour trois, le couple et l'invité imprévu. La décoration est d'une simplicité biblique : les murs sont blancs, souvent garnis d'étagères chargées de livres (neuf mille au total) ; des toiles et affiches représentent des combats de boxe ou des corridas ; des trophées de chasse regardent d'un œil vide le sol rouge des tommettes ; les meubles en bois local ont l'élégance pure ; les rares "bibelots" ont tous une valeur symbolique, il y a la statuette fétiche *La Vigia* qu'Hemingway emportait avec lui lors de ses safaris et pêches, il y a une céramique représentant un taureau de Picasso, il y a une collection de couteaux offerte par les Massaï en 1944.

Hemingway aimait écrire le matin, entre sept heures et midi ; il se tenait alors debout et pianotait sur sa petite machine à écrire mécanique. Hypocondriaque, il avait pour autre habitude de noter chaque jour son poids et sa tension sur le mur de sa salle de bain.

Juste à côté du parallélépipède s'élève une tour carrée de deux étages, une lubie de Mary. Au premier, vivait une colonie de chats (ils furent jusqu'à cinquante-sept), au second un autre bureau orné d'une magnifique dépouille de lion était la plupart du temps boudé par l'écrivain, préférant l'agitation de la maison au calme plat de sa tour d'ivoire. De l'autre côté, un bungalow était réservé aux fils d'Hemingway lors de

leurs séjours en vacances ou aux invités. À son extrémité, un vaste garage abritait les trois voitures de "Mister Way". En contrebas, une allée conduit à la piscine, aujourd'hui désespérément vide, entourée de deux *pool-houses*. Juste à côté, les tombes des quatre chiens sont alignées. Plus loin encore, un hangar a été aménagé pour abriter le yacht que l'auteur acheta 8000 $ en 1934. Avec ses sept hectares de terrain en pente, la propriété est aussi un parc enchanteur où se côtoient avec bonheur dix-huit espèces de manguiers, un fromager centenaire, des massifs de jacarandas, d'hibiscus et de magnolias, les inévitables palmiers royaux…

À gauche : Hemingway pêcheur.
Ci-dessous : Hemingway et Fidel Castro en 1960, au premier tournoi de pêche au gros.

Cojímar

À Cojímar, l'étape principale est ce restaurant, *La Terraza*, en bordure de baie. Ici, le Vieil Homme de Hemingway, Gregorio Fuentes Betancourt, venait toujours midi et soir siroter un whisky et déguster le menu. Figure emblématique, il faisait autant partie des lieux que le bar en bois, les pales tournoyantes des ventilateurs, les bouteilles sagement rangées dans leur casier. Gregorio Fuentes s'est finalement éteint à l'âge plus que canonique de 104 ans. Ce Cubain originaire des Canaries (il aurait obtenu à la fin de sa vie la nationalité espagnole) comme beaucoup d'autres de ses compatriotes a connu l'auteur américain lorsqu'il était patron du *Pilar,* le fameux bateau des virées de pêche au gros. Après le suicide de son ami, le "sage Grigorine, le Roi du Gulf

Une visite à la Finca Vigia.
A gauche : la maison depuis le parc.
En haut : Valérie Hemingway, secrétaire et belle-fille d'Hemingway pose devant Pilar, le bateau de l'écrivain, et le bureau du romancier.
Ci-dessus : un salon et la salle à manger de la Finca Vigia.

Stream" comme le surnommait affectueusement Hemingway, ne voulut plus jamais pourchasser les marlins et autres monstres marins. Pilier du bar *La Terraza* à Cojímar où il avait droit à un couvert gratuit à vie, il faisait partie du "pèlerinage" hemingwayen et n'hésitait pas à

Double page suivantes : la Bodeguita del Medio, à La Havane, célèbre – et célébrée par Hemingway – pour ses mojitos, comme le Floridita pour ses daiquiris.

Un autre regard sur la Bodeguita del Medio.

solliciter quelques dollars auprès des touristes désireux de tirer son portrait. La célébrité ne rend pas riche, surtout dans un pays communiste ! Partout, des souvenirs du "Vieux", comme l'appelaient ses compagnons de pêche. Dans la salle de restaurant, de magnifiques photos en noir et blanc de l'écrivain évoquent le temps perdu. Un peu plus loin, dans une espèce de mini-temple, le buste d'Hemingway observe d'un air espiègle la caserne surplombant la mer.

Tchin-tchin, Papa !

À deux pas de la cathédrale, la *Bodeguita del Medio* se cache derrière une façade en moucharabieh. À la grande époque, dans cette minuscule taverne, se bousculaient stars de cinéma, journalistes et écrivains. Aujourd'hui, les murs sont encore plus couverts des signatures des uns et des autres, la foule, elle, est toujours compacte, bien que surtout composée de touristes de passage. Et pourtant, la *Bodeguita* reste un passage obligé, un rite initiatique dans le long voyage hemingwayien, une halte au pays du *mojito,* puits de perdition délicieusement frais.

Le *Floridita* se vante d'être "le berceau du daiquiri", une affirmation vraie à quelques centaines de kilomètres près puisque le daiquiri est né du côté de Santiago de Cuba. Autre repère de Papa, ce bar-restaurant tout près du Capitole a un look années 50, un petit air de la *Movida* espagnole avec son décor rouge et noir en fer forgé. L'air y est climatisé, ce qui fit bouder l'endroit par l'écrivain pendant quelque temps, les daiquiris exquis, l'ambiance calme, presque vide.

La peinture

Le dynamisme artistique cubain régénère également la peinture nationale. Très longtemps accrochée à un académisme passéiste, celle-ci devient résolument moderne sous l'impulsion d'artistes comme Wilfredo Lam, Marcello Pogolotti ou Amelia Peláez del Casal, eux-mêmes influencés par leurs séjours en Europe ou aux États-Unis.

Le premier d'entre eux, **Wilfredo Lam** (1902-1983), fils d'un Chinois et d'une Noire, n'a pratiquement pas vécu à Cuba. Parisien d'adoption, proche de Picasso et des surréalistes, il crée des toiles cubistes empreintes de mythologie africaine. Son charisme fut grand et nombreux sont les peintres de la génération suivante, exilée elle aussi, à suivre son sillon. Ainsi, Jorge Camacho, Ferrer, Gina Pellon ou le sculpteur Cárdenas. Plus tard, installés à Paris, ils seront proches des surréalistes.

René Portocarrero (1912-1985) est un peintre exubérant, baroque, joyeux, mettant en couleur des scènes de vie havanaises.

À Cojímar a été élevé ce monument à la mémoire d'Ernest Hemingway.

De gauche à droite : **Primavera o Descanso**, *de Jorge Arche (1940)*, **Gallo**, *de Mariano Rodriguez (1973), et* **Maternidad**, *de Wilfredo Lam (1952).*

Amélia Peláez (1896-1968), fille du peintre russe Alexander Exter, est influencée, elle aussi, par le chromatisme généreux à la mode mexicaine ou péruvienne.

Marcello Pogolotti (1902-1988), après des études à New York et un séjour à Paris, découvre l'Italie futuriste. Sa toile *Paysage cubain* (1933) avec ses coupeurs de canne sous surveillance policière et son horizon en béton armé s'élève contre la dictature américanisée du général Machado.

Mariano (1912-1990), proche de *Origenes* et militant communiste, choisit d'exprimer la cubanité à travers le sujet traité. D'où sa série de coqs, colorés et fiers. De même, **Agustin Fernández** affirme son identité nationale en peignant des aspects du paysage cubain mais avec une technique très proche d'un Vuillard ou d'un Bonnard.

Les toiles de **Jorge Arche** (1905-1956) évoquent les lignes puissantes d'un Fernand Léger et les perspectives naïves d'un Delvaux.

Aujourd'hui, la vitalité artistique est toujours en éveil, la manifestation de *Volumen 1* en 1981 en est la preuve, de même que l'animation picturale de la calle de Hamel, au plein milieu de la Habana Vieja, imaginée par l'artiste **Salvador Escalona**. Ce dernier a dessiné sur les façades décrépites des fresques colorées inspirées par le culte de la *santeria*, improvisé des autels, élevé des sculptures dadaïstes.

À la différence de sa voisine Haïti, Cuba n'est donc pas maîtresse d'un seul style pictural indigène. Elle est, au contraire, à la confluence de courants divers, expressionnisme abstrait, futurisme, surréalisme, cubisme, post-impressionisme, réinterprétés par chaque artiste à travers le prisme du métissage. Pour connaître cette production hétérogène, il faut absolument visiter le musée des Beaux-Arts, Trocadero, e/ Agramonte y Belgica à La Havane, qui vient justement d'être réorganisé. Le centre Wilfredo-Lam d'Art contemporain, derrière la cathédrale, organise quant à lui des expositions d'artistes venus du monde entier mais ne possède aucune œuvre de Wilfredo Lam. Fermé le dimanche. La Casa de Guayasamin, Calle Obrapia, n° 111, e/ Oficios y Mercaderes fut la maison du grand peintre équatorien Guayasamin décédé tout récemment, auteur du célèbre tableau représentant Fidel Castro pour son soixante-dixième anniversaire. Il avait profité de l'ouverture touristique pour faire connaître son œuvre. Profitez de la visite pour admirer un intérieur colonial. Fermé le dimanche après-midi et le lundi.

Le cinéma

Avant la révolution, le cinéma est quasi inexistant en dehors d'un cercle d'initiés passionnés. Guillermo Cabrera Infante fonde la cinémathèque, quelques films sont montés, comme *Caste de chêne* de Manolo Alonso ou *la Rose blanche* d'Emilio Fernández. Mais, la majeure partie des films présentés au public sont des superproductions américaines ou… des titres pornographiques, décadence oblige !
Pour Castro, le cinéma a une vocation culturelle et populaire. Dès 1959, alors que le tournage de *Notre agent à La Havane* est en cours, il crée l'ICAIC (Institut cubain de l'art et de l'industrie cinématographique) et fait appel aux bonnes volontés étrangères pour lancer une véritable industrie cinématographique nationale. Gérard Philipe, Jean-Luc Godard, Andrzej Wajda, Agnès Varda et bien d'autres répondent présents. Chris Marker, Joris Ivens et Agnès Varda réalisent sur place des courts-métrages. Des *Cinémovil* circulent un peu partout en province. Des productions cubaines voient le jour. La comédie burlesque et épique de Julio García Espinosa, *les Aventures de Juan Quinquin*, sortie en 1967, obtient un succès phénoménal avec plus de trois millions de spectateurs. L'inventivité des cinéastes, qui doivent se plier aux règles du jeu révolutionnaires, évite de tomber dans les poncifs assommants. Ainsi, *Lucía* de Humberto Solas (1966) trace le portrait d'une femme en prise avec le machisme ambiant. Tómas Guttiérez Alea, héritier de Buñuel, de Rossellini et du comique muet américain, parvient à passer d'un style à l'autre, de la fresque héroïque (*Historia de la Revolucion* en 1960) à la satire (*La mort d'un bureaucrate* en 1966, *Mémoires du sous-développement* en 1968). Son dernier film, *Fresa y chocolate*, histoire d'une amitié entre un artiste homosexuel érudit et un étudiant communiste pur et gentil, a été accueilli triomphalement à Cuba avant d'être exporté avec succès à l'étranger. Manuel Octavio Paz se fait aussi connaître du public avec son film sur la guerre d'Indépendance de 1868, *la Première Charge de la machette*.
Cette abondante production cinématographique, la création du Festival de La Havane en 1979, et de la Fondation du nouveau cinéma latino-américain en 1984 ne doivent pas masquer les ombres au tableau. La censure omniprésente qui interdit la sortie de *PM*, provoquant le premier clash avec les intellectuels, qui contraint Nestor Almendros à l'exil, qui, en 1992, retire de l'affiche après seulement quatre jours d'écran *Alice au village des merveilles*, une critique dans la verve "brazilienne" des dérives socialistes. Malgré la crise, l'industrie cinématographique continue à fonctionner même si elle tourne un peu au ralenti et surtout grâce aux coproductions. Pourtant, l'école cubaine, riche d'hommes et de femmes de métier, a encore des atouts en main comme *Reina y Rey* présenté au Festival de Biarritz, ou encore *l'Eléphant et la Bicyclette* de Juan Carlos Tabio. Le Festival du film latino-américain qui se tient en décembre à La Havane est un important rendez-vous du septième art.

Des films autour de Cuba

Notre Agent à La Havane, de Carol Reed. Le célèbre "polar" de Graham Greene porté à l'écran.
Topaz, d'Alfred Hitchcock. La crise des fusées revue par le maître hollywoodien du suspense.
Le Parrain II, de Francis Ford Coppola. Les grandes heures de la mafia à Cuba.
Havana, de Sydney Pollack. Quand le beau blond Robert Redford se trouve au cœur de la révolution.
Buena Vista Social Club, de Wim Wenders. Un groupe de musiciens du troisième âge ressuscite la musique cubaine.
Cuba Feliz, de Karim Dridi. Un "road movie" musical.

La Havane

La Havane et ses quartiers

La Havane, avec ses deux millions d'habitants, est un monde à part, une île urbaine dans l'archipel, avec son langage, ses quinze municipalités, ses centaines de quartiers, ses milliers de pâtés de maisons *(manzanas)*, ses repères, sa fierté, son histoire. Vaste capitale qui

Parmi de nombreux transports, le vélo-taxi demeure le plus pittoresque pour découvrir la capitale.

étale au soleil son entrelacs de rues perpendiculaires, ses avenues bordées d'arbres, ses parcs et esplanades majestueuses, ses monuments et palais séculaires, ses gratte-ciel années 50 du Vedado, ses villas un peu décrépies du Miramar, son ruban de bord de mer, le Malecón… Ville immense presque plate face à l'immensité de l'océan, ville glissante où se faufilent des milliers de vélos silencieux, ville bruissante de conversations dans les files d'attente, de musiques débordant des fenêtres, ville cloître avec ses kilomètres d'arcades ombragées et ses cours étroites, ville austère où les façades des magasins sont si rares, ville lumière et poussière, ville grandeur et décadence,

ville aguichante qui roule des mille et une hanches des Cubaines, ville fantasque et venimeuse qui effraie, séduit, repousse et ensorcelle.

Aller à la découverte de La Havane, c'est aller à la rencontre d'un choc. Cette ville, belle à en pleurer, s'écaille de toutes parts, s'enfonce *quadra* après *quadra* dans une ruine gigantesque. La Vieille Havane, en dehors de quelques monuments merveilleusement restaurés, se perd dans un labyrinthe de rues défoncées que longent des façades rongées de salpêtre. Le Malecón, arc-en-ciel aux couleurs fanées, expose aux derniers rayons ses hôtels particuliers rococo, mauresques, néoclassiques et excen-

triques. Les balcons sont bancals, les escaliers branlants. Dans le Vedado, quartier des hôtels et des boîtes de nuit, l'impression de fuite en avant s'atténue, politique touristique oblige ! Certes, les buildings ont perdu de leur fraîcheur originelle, mais le recours aux consortiums internationaux a permis de ravaler les dizaines d'étages superposés.

Histoire

L'emplacement de La Havane attire très vite l'attention des conquistadors espagnols qui fondent dans cette baie en forme de goulet facilement contrôlable un des premiers établissements coloniaux. Deux ans après Baracoa, la ville de La Havane naît donc en 1514.

Très longtemps, l'épanouissement de la ville est modéré par l'incursion de corsaires et pirates : la première mise à sac a lieu en 1538, une rançon de ducats ducats sauve néanmoins la ville, mais l'attaque du Français Jacques de Sores en 1555 se conclut par un gigantesque incendie. Pour protéger la rade, la Couronne ordonne la construction d'un réseau de forteresses, qui sera renforcée au XVIIe siècle par l'édification d'une

Ci-dessous, une petite famille à vélo.
À droite, vue d'ensemble de La Havane.

muraille (on peut en voir des fragments du côté de la gare ferroviaire). Escale idéale entre les nouveaux eldorados d'Amérique latine et la métropole, La Havane est un port commercial actif où transitent les navires du sinistre commerce triangulaire mais aussi les frégates de l'armée espagnole. Ainsi, en l'an de grâce 1574, cent un bateaux font escale à La Havane à l'aller, cent quinze au retour. La cité ne compte alors qu'environ quatre mille habitants.

En 1697, le traité de Ryswick, en mettant un terme à la piraterie, inaugure une nouvelle ère de prospérité pour la capitale, puisque, depuis 1553, le siège des gouverneurs généraux a été transféré à La Havane. Grâce à l'essor des plantations de tabac et de canne à sucre, une aristocratie créole s'installe en ville. De nombreuses propriétés seigneuriales à l'apparence quasi militaire témoignent de cette époque révolue. Le XVIIIe siècle est, lui, sous influence baroque. C'est à cette époque

qu'est conçue la partie civile de l'ensemble architectural de la magnifique place d'Armes avec la Casa de Gobierno et la Casa de Torreos. Autres monuments de cette période, la cathédrale et les palais l'entourant, le séminaire de San Carlos y San Ambrosio, pour ne citer que les plus remarquables. Le développement de la cité se poursuit, l'université est fondée en 1728, le premier bureau de poste est ouvert en 1734. Des quais sont aménagés pour faciliter l'activité portuaire. Au milieu du siècle, la population atteint cent quarante mille âmes.

En août 1762, le calme mercantile de cette bourgade coloniale est brusquement interrompu. Les Anglais, à bord de quarante-quatre navires et forts de quatorze mille soldats, assiègent la ville qui se rend au bout de deux mois. Leur administration, si elle ne dure que quelques mois, insuffle un dynamisme revendicatif aux riches Créoles. La petite graine de l'indépendantisme a été semée et, vaille que vaille, fera son chemin.

La ville, en partie détruite par les combats, est de nouveau en chantier. Les grandes demeures coloniales, les jardins publics et artères principales naissent de

De vastes places et de grandes avenues sillonnent La Havane ; en haut, la place du Capitole et, à droite et ci-dessous, le Prado.

cette vague d'urbanisation. Le Prado se dote de ses superbes lions, coulés dans le bronze des canons britanniques ! Les noms de certaines rues de la Vieille Havane témoignent encore de leur activité : la rue Mercaderes est vouée au commerce, on y trouve des vêtements européens ou des produits mexicains ; la rue Oficios est réservée aux clercs.

Le XIXe siècle continue sur cette lancée. La ville sort de son enceinte, qui sera démolie en 1863. Les rues havanaises sont pavées et éclairées, des égouts installés. Des sièges de compagnies et des fabriques sont construits. Les Créoles enrichis commandent de vastes hôtels particuliers de style néoclassique. Le centre de La Havane se déplace vers le quartier du Parque Central, le commerce s'implante dans les avenues Galiano et San Rafael. Sur le Prado défilent en calèche ou à pieds de belles Créoles parfumées. Au tournant du siècle, quelque deux cent cinquante mille personnes habitent à La Havane.

Doubles pages suivantes : La Havane, une des plus grandes métropoles de la Caraïbe ; la longue file des passagers attendant de monter à bord d'un "guagua", un camion-bus que ses bosses ont fait assimiler à un chameau ; sur le Malecón, tandis que certains vont à l'école, d'autres taquinent les alizés.

La cathédrale et la place San Cristobal.

Une nouvelle fois, des événements extérieurs vont dicter l'avenir de la capitale. L'explosion du *Maine* en 1898 entraîne l'entrée en guerre des Américains contre les Espagnols, obligeant ces derniers à renoncer à leur colonie caribéenne. La Havane entame alors son ère américaine. Cela se traduira par des copies modèle réduit des édifices américains ou la reproduction de leur sommet. Le Capitole, l'hôtel Nacional à l'architecture californienne ou encore l'ancienne résidence réservée aux Soviétiques façon Empire State Building ont tous été construits dans les années 20 et 30. Après la Seconde Guerre mondiale, la maîtrise de la technique du béton armé ouvre la voie à l'élévation des plus hauts gratte-ciel de l'Amérique latine. Des nouveaux quartiers se propagent à l'ouest, et notamment le Vedado. Le *Hilton*, aujourd'hui rebaptisé *Habana Libre*, le *Riviera* et le *Capri* sont contemporains. Batista, pour favoriser l'extension vers l'est de La Havane, commande à l'entreprise française Les Grands Travaux de Marseille le tunnel passant sous la baie. Il veut installer là des chaînes hôtelières et des casinos de luxe.

La volonté de modernisation ne se limite pas à la périphérie. Des plans préfigurant une sorte de Manhattan bis sont dressés à l'emplacement de la Vieille Havane. Méchante cicatrice de cet urbanisme échevelé : la démolition du séminaire San Carlos.

1959, la révolution fige la ville. Plus de quarante ans après, La Havane n'a pas changé architecturalement. Elle s'est juste fissurée un peu plus. Néanmoins, depuis quelques années, offensive touristique oblige, la ville, classée patrimoine de l'humanité par l'Unesco, se refait une

jeunesse. La tâche, immense, a été confiée à l'architecte et historien cubain Eusebio Leal, qui fait preuve d'une maîtrise et d'un génie de la restauration que Viollet-le-Duc aurait enviés ! À la fois modeste et ambitieux, le plan de sauvetage réhabilite chaque année un certain nombre de vieux palais destinés ensuite à devenir de superbes restaurants ou hôtels. Après le passage des ouvriers, les édifices décrépits retrouvent leur splendeur passée, sans fausse note, sans effet d'esbroufe, pour le plus grand bonheur des visiteurs qui goûtent ainsi aux joies d'un certain art de vivre… colonial !

Quant aux habitants de la vieille ville, ils continuent malheureusement à vivre dans des conditions d'insalubrité et de promiscuité catastrophiques. Néanmoins, l'effort de rénovation ne se limite pas uniquement à Habana Vieja. Ainsi, le quartier dit Cayo Hueso entre le monument au général Maceo et l'hôtel *Nacional* a été largement réhabilité.

De quartier en quartier

Se diriger dans une ville étrangère n'est pas toujours facile. La Havane ne fait pas exception à la règle, et ce d'autant plus que les rues portent parfois deux noms (le Prado s'appelle aussi Paseo de Martí, la Rampa est la rue 23…) et que les panneaux ne sont pas toujours au rendez-vous. Néanmoins, la ville étant construite sur le modèle américain du damier, le labyrinthe pavé fonctionne selon le principe simple des *quadras*.

Point de repère cardinal de la cité, le Malecón qui court le long de la côte septentrionale : à l'ouest, le Vedado est facilement repérable grâce à ses hautes silhouettes de buildings d'où part la Rampa ; à l'est, à l'entrée de la rade, commence la vieille ville. En empruntant le Prado, vaste avenue agrémentée d'un terre-plein central, vous atteindrez le quartier du Capitole. Son dôme est un autre repère visuel important. En poursuivant les quais, vous longerez la Vieille Havane.

La Habana Vieja

Déclarée patrimoine mondial par l'Unesco, la Habana Vieja est un joyau architectural à nul autre pareil, situé dans une zone assez ramassée juste à l'entrée de la baie. Le dédale de rues à sens unique et la densité du panorama imposent de s'y promener à pieds au rythme lent de la flânerie, nez en l'air.

La place de la Cathédrale, à deux pas du parc Céspedes où l'on peut se garer et admirer au passage le porche du séminaire de San Carlos y San Ambrosio, fait basculer plus de trois siècles en arrière. Construite sur l'emplacement d'un marécage, elle se compose, outre la cathédrale, de demeures patriciennes de style baroque. Cet ensemble exceptionnel a été restauré dans les années 1930 par l'urbaniste cubain Luis Bay Sevilla.

La cathédrale San Cristobal, construite par les jésuites à partir de 1748, remplaça l'ancien oratoire Saint-Ignace. Les travaux furent dirigés par un architecte cubain, Pedro Medina, à qui l'on doit également le palais municipal. Le fronton italianisant encadré par deux tours imposantes confère à la place une noblesse religieuse. Les deux cloches proviennent, l'une de Matanzas, l'autre d'Espagne et pèsent plusieurs tonnes. Un alliage d'or et d'argent confère une résonance particulière à leur carillon. La décoration intérieure est un ouvrage franco-italien : les copies de tableaux de Rubens et Morillo sont l'œuvre d'un peintre français, Jean-Baptiste Vermay, citoyen de La Havane au début du XIXe siècle, les sculptures et travaux d'orfèvrerie de l'autel principal furent exécutés à

De nombreux édifices et demeures ont retrouvé leur éclat d'antan.

Rome en 1820 par l'Italien Bianchini, tandis que les fresques derrière l'autel sont dues à un autre Italien, Giuseppe Perovani. De 1796 à 1898, les cendres prétendues de Christophe Colomb reposèrent dans la nef centrale, avant d'être rapatriées à la cathédrale de Séville.

Avec ses colonnes doriques et sa rangée de balcons à l'étage, le Palacio del Marqués de Arcos a fière allure. C'est là que se réunissait la ligue patriotique Liceo Artistico y Literario fondée par Ramon Pinto. Le bâtiment abrite aujourd'hui des galeries d'art en rez-de-chaussée.

En face de la cathédrale, le Palacio de los Condes de Casa Bayona fut construit en 1720 par le gouverneur de Cuba, don Luis Chacón. Restauré en 1931, il renferme aujourd'hui, en tant que musée d'art colonial, une extraordinaire collection de meubles et d'objets d'art des XVIIIe et XIXe siècles. Dans un décor d'époque, on notera au passage les plafonds à caissons hérités des techniques mauresques *artesonado,* le sol de marbre rouge du vestibule. La disposition des pièces au premier étage autour d'une coursive surplombant un patio intérieur est typique de l'architecture créole. Le rez-de-chaussée était en effet réservé aux bureaux du propriétaire, aux quartiers des domestiques, et à l'attelage. Au premier, dans une belle enfilade, se succèdent salle à manger, salon et cabinet. Les chambres sont sur les ailes perpendiculaires. La cuisine se trouve également au premier

*A droite : la Casa del Ron.
A gauche : Cubaines en costume créole devant la cathédrale.*

Le plus ancien vestige historique de Cuba se trouve au palais des Capitaines Généraux : scellée dans un mur, la pierre funéraire rappelant la mort en ce lieu de Doña María de Cepero en 1557.

étage. La richesse des pièces présentées, des porcelaines biscuits et éventails en ivoire, aux candélabres de cristal et piano de palissandre, laisse imaginer le style de vie grandiose des aristocrates à l'ère coloniale.

Le Palacio del Conde de Agua Claras, côté cour, présente lui aussi ses merveilleux pleins cintres colorés surplombant les fenêtres, appelés *mediopuntos,* indissociables de l'architecture cubaine. Côté place, les vitraux de forme rectangulaire sont baptisés *lucetas.* Apparus dès la fin du XVIIIe siècle, ils filtrent la lumière et décorent les façades encore austères. Le restaurant *El Patio* a élu domicile dans ce palais. N'hésitez pas à vous aventurer dans les étages, jusqu'à la terrasse où des femmes étendent leur linge. Et si la chaleur ardente du soleil tropical a eu raison de vos forces, laissez-vous tenter par un verre au *Patio*.

L'autre grande place historique à visiter, la plus ancienne de La Havane, se trouve à deux pas de là. Il s'agit de la plaza de Armas, encore pavée de bois. Ses arbres centenaires apportent une ombre délicieuse. Au centre, une statue de Manuel de Céspedes a depuis longtemps rem-

Le marché aux livres sur les pavés en bois de la place d'armes.

placé celle du souverain détesté Ferdinand VII. Au XIXe siècle, c'est ici qu'avaient lieu les fastes de la colonie, toute l'aristocratie en toilettes s'empressait aux fêtes et concerts organisés là. Aujourd'hui, un marché aux livres où l'on peut trouver de vieilles éditions de grands classiques français, vous attend. Mais, si vous n'êtes pas bibliophile, préférez la visite du palais municipal, le Palacio de los Capitanes Generales, dont la construction débuta en 1776 sous la direction de deux grands architectes de La Havane, le colonel Antonio Fernández de Trevejos y Zaldivar et Pedro Medina. Sa vocation traversa les époques, puisqu'il fut tour à tour maison du gouverneur, palais des capitaines généraux puis palais de la Présidence. Le gouverneur Luis de las Casas et ses successeurs vécurent là. En 1899, les cérémonies fêtant la fin de la domination espagnole furent célébrées dans le palais, avant que, trois ans plus tard, on y proclamât la République. La place tomba ensuite dans l'oubli, laissant la primeur au Prado.

À l'heure actuelle, le bâtiment devenu musée de la ville relate l'histoire de La Havane. La cour intérieure agrémentée de palmiers est habitée par une statue de Christophe Colomb. Une discrète pierre funéraire, le plus ancien vestige de l'histoire coloniale cubaine, se trouve à l'endroit précis où une noble Créole, Doña María de Cepero y Nieto, fut tuée en pleine prière par le tir d'une arquebuse. Cela se passait en 1557. À l'étage, vous pourrez admirer la toile intitulée *la Mort de Maceo,* œuvre du peintre cubain Armando Menocal. La salle du trône, toute de velours rouge, était réservée exclusivement au roi d'Espagne. Juste à côté, la Casa de la Plata abrite une superbe collection de pièces d'argenterie et de beaux décors de fresques à l'étage. Agréablement restaurée et ombragée, la place d'Armes mêle avec bonheur le style baroque du palais municipal ou du Palacio de Los Condes de Santovenia et l'architecture militaire du Castillo de la Fuerza. Cette forteresse, édifiée une première fois en 1558 puis reconstruite trente ans plus tard, est la construction la plus ancienne de La Havane. Récemment restaurée, elle dispose à son sommet d'une terrasse offrant un beau panorama. Le Palacio del Segundo Cabo édifié en 1770, anciennement casa de Correos, c'est-à-dire poste centrale, servit ensuite de résidence au vice-gouverneur avant d'être converti aujourd'hui en centre culturel et librairies. Son patio mérite le détour. Un drôle de petit temple, le Templete, construit en 1828 et entouré d'un jardinet, rend hommage à la première période de la colonisation. Les fresques de l'artiste français Vermay, disciple de David, représentent la première messe célébrée à La Havane et l'inauguration du Templete. La colonne qui se trouve devant l'édifice se dresse à l'emplacement du fromager sous lequel fut célébrée la première messe.

Profitez d'être dans le coin pour aller faire un saut à la Casa del Ron juste à côté. Vous pourrez y déguster différents crus de rhum et y faire vos emplettes.

En prenant la calle Mercaderes, vous atteindrez la Plaza Vieja, ou Place Vieille. Son précieux patrimoine architectural datant des XVIIe et XVIIIe siècle,

Au musée de la ville de La Havane est exposée la toile d'Armando Menocal représentant **la Mort de Maceo.**

laissé à l'abandon jusqu'en 1996, est désormais redécouvert et valorisé. Les côtés de la place alignent les façades hiératiques de multiples palais modestement appelés *casas,* comme la Casa de San Juan de Jaruco, bâtie en 1670, transformée en galerie d'art. Sa visite permet d'admirer notamment un élégant patio et un escalier magistral. Il y a également la Casa del Conde Lombillo, la Casa de las Hermanas Cárdenas, ou encore la Casa de Esteban José Portier, toute bleue. Une jolie fontaine centrale et une église de style Renaissance, San Agustin, complètent cette harmonieuse composition.

Non loin de là, en prenant la rue Brazil, vous atteindrez le couvent San Francisco de Asis, qui s'élève juste au-dessus de la baie. D'époque baroque, il compte deux cloîtres et une tour qui embrasse une vaste vue. Plus séculaire et bassement commerciale, l'ancienne bourse voisine, la Lonja del Comercio, surmontée d'une coupole, fut construite au début du XXe siècle. À ses pieds, un petit square orné d'une colonne

Rues animées du centre de La Havane.

de céramique de l'artiste Sosa Bravo rend un dernier hommage à la princesse Diana. Mais, si vous êtes rassasié de vieilles pierres, prenez la rue Obispo, toujours animée, et laissez-vous aller à la nonchalance havanaise. Faites un saut à la Casa de los Arabes, juste à deux pas sur la Calle Oficios. Ce joli palais XVIIe siècle est marqué par l'influence *mudejar*. Dans la salle de prière, la direction de La Mecque est indiquée. Au passage, jetez un coup d'œil à une vieille pharmacie pleine de pots de faïence fleurant bon les remèdes de grand-mères, à la vitrine de Quitrin, boutique et atelier de dentelles et à la devanture de la grande librairie La Moderna Poesia regorgeant d'ouvrages didactiques. Si vous avez soif, vous pourrez vous arrêter boire un verre au Café Paris, ou au bout du chemin, au Floridita, tout de noir et rouge vêtu.

Vous êtes alors à la lisière de la Vieille Havane.

Au sud de la Habana Vieja, en direction de la gare centrale, en empruntant Calle Cuba, vous pourrez suivre un itinéraire très pieux. Vous apercevrez d'abord Espiritu Santo, la plus ancienne église cubaine. Ensuite, le couvent Santa Clara, fondé dès 1638 et, à ce titre, première congrégation installée sur l'île, compte plusieurs bâtiments, de charmants cloîtres et une tour. Il accueille le siège de l'organisme chargé de la restauration de La Havane ainsi qu'un petit hôtel très agréable. Puis, vous pourrez admirer la gracieuse façade classique et les majestueuses proportions de l'église de la Merced, édifiée au milieu du XVIIIe siècle. Les amateurs de cloîtres ne doivent pas manquer de se rendre au couvent de style baroque Nuestra Señora de Belén, à un pâté de maisons de celui de Santa Clara.

Le centre

Les styles architecturaux diffèrent, mais le charme persiste. En quittant l'air conditionné du *Floridita,* vous retrouverez un peu plus loin la lumière verte et fluide du Parque Central planté de palmiers et d'amandiers. La Manzana de Gómez, commencée au XIXe siècle par l'architecte espagnol Pedro Tomé y Verecruisse, à qui l'on doit de nombreux édifices madrilènes, et complétée au XXe siècle, domine le jardin de ses quatre étages.

En face, l'hôtel *Inglaterra,* haut-lieu de rendez-vous de la jeunesse dorée et de l'intelligentsia havanaise, dresse sa façade néoclassique percée de hautes fenêtres et ornée de balcons ouvragés. Simple café en

A droite : copie réduite de celui de Washington, le Capitole témoigne de l'ancienne occupation américaine de l'île.

1840, il est baptisé *Le Louvre* en 1863. En 1871, un militaire espagnol entendant l'exécution d'étudiants en médecine brise son épée et rejette l'uniforme. Le lieu devient historique. La même année, le café se transforme en hôtel. L'*Inglaterra* proprement dit est né. En 1886, des travaux d'embellissement sont entrepris et signent le bâtiment du sceau néoclassique alors en vogue. Sis juste à côté du néobaroque théâtre García-Lorca, il accueille les amours passionnées de l'actrice Sarah Bernhardt et de son amant torero Mazzantini. Caruso aime aussi le fréquenter. José Martí y tient un discours mémorable sur l'indépendance en 1879. Le général Antonio Maceo, à son retour d'exil, y élit domicile. Entièrement restauré en 1989, le palace est décoré dans le style mauresque, ses murs sont recouverts de mosaïques, ses plafonds à caissons sont finement travaillés, une magnifique grille de fer forgé rappelle la maîtrise inégalée des Espagnols en matière de ferronnerie.

Le théâtre García-Lorca voisin, inauguré en 1837, forme un contraste saisissant avec l'hôtel. Chargé de statues de marbre blanc et surmonté de quatre tourelles et de trois anges, il est alambiqué en diable. Sa salle de deux mille sièges est une des plus grandes d'Amérique latine. Après avoir reçu les plus grands artistes internationaux, il abrite aujourd'hui la compagnie de l'aérienne danseuse étoile Alicia Alonso. Très âgée, et malgré sa cécité, elle continua longtemps de diriger le ballet national. À l'origine des premiers ballets afro-cubains dans les années 1950, elle fut l'ambassadrice exceptionnelle de la danse cubaine.

De là, vous êtes à deux entrechats du monumental Capitole, copie conforme de son homologue américain. Les larges trottoirs ponctués de lampadaires coiffés du bonnet phrygien (que l'on retrouve sur l'écusson cubain) confèrent au lieu une pompe officielle. À l'époque de sa construction, qui s'achève en 1929, c'est le plus coûteux chantier des Caraïbes. Scellé dans le sol sous sa coupole, haute de

Ci-dessous : le théâtre García-Lorca.

quatre-vingt-quatorze mètres, un diamant de vingt-quatre carats indique le point zéro pour toutes les distances à Cuba. Son sol est entièrement recouvert de marbre. Ancien siège du Sénat, il sert aujourd'hui de musée de Sciences naturelles. Les rampes de ses escaliers titanesques font de superbes toboggans improvisés. Attention aux fonds de culotte !

Comme La Havane sait marier le gris et le vert, elle a créé aux pieds du Capitole un parc arboré, le Parque de la Fraternidad American, inauguré lors de la conférence panaméricaine de 1928. Un ceiba, planté avec de la terre apportée par chaque délégué, symbolise l'amitié entre les peuples de ce continent.

Redescendez vers le Malecón sous la voûte végétale du Prado (également appelé Paseo de Martí). Vous croiserez des couples enlacés, des mères et leur poussette, des classes entières en cours de gymnastique, des retraités fumant le cigare... Les façades fanées de somptueuses demeures, les rangées d'arcades et de colonnes pittoresques, les lampadaires Arts déco donnent à la scène une tonalité nostalgique.

Presque parallèle au Prado, calle Zulueta offre elle aussi une belle perspective débouchant sur l'ancien palais présidentiel transformé en musée de la Révolution. Une occasion pour les plus curieux de se familiariser avec les différents épisodes de l'histoire récente cubaine.

Juste derrière, le *Granma,* yacht duquel débarquèrent les *barbudos* de Castro en 1956, est préservé sous une vaste verrière. Enfin, en vous rendant au musée des Beaux-Arts, de l'autre côté, vous pourrez avoir un aperçu de la peinture cubaine.

Architecture ancienne et vie quotidienne se téléscopent parfois.

Doubles pages suivantes : scènes de la vie quotidienne à La Havane.

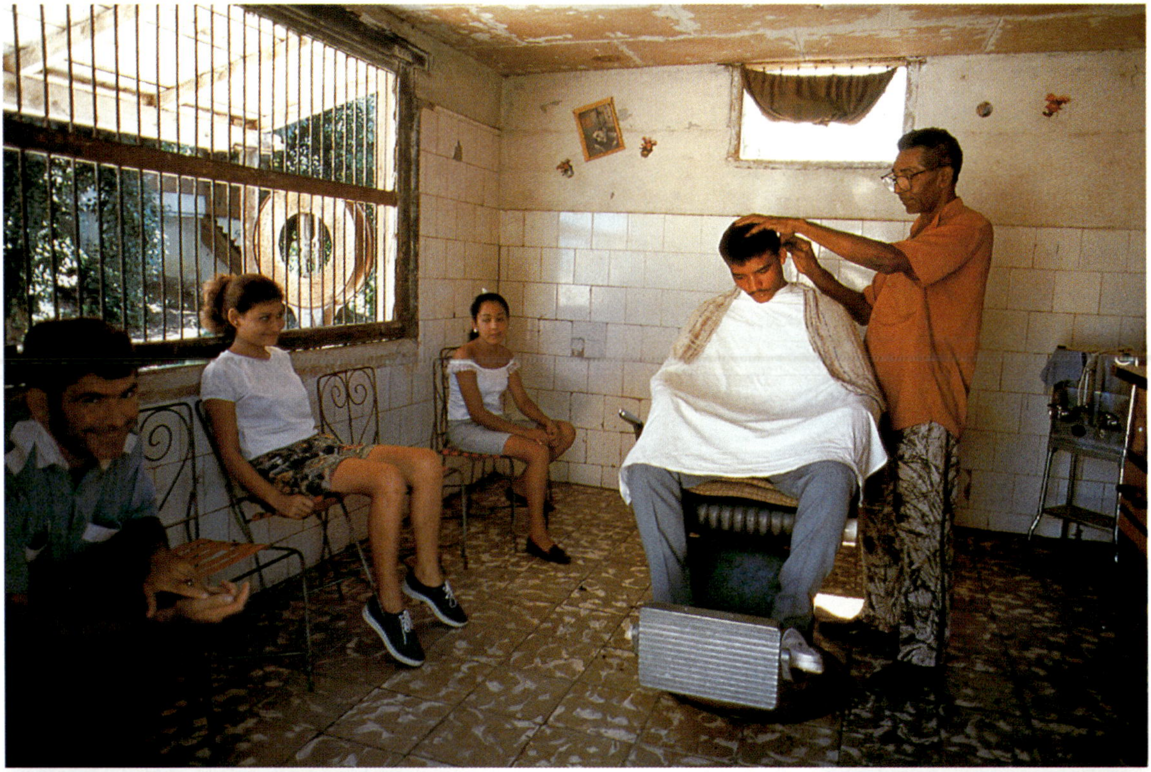

Le Malecón et le Vedado

Le Malecón est pour La Havane ce que la promenade des Anglais est à Nice. Boulevard large de six voies, dont deux réservées aux bicyclettes, il s'étend en bordure de mer entre le Castillo de San Salvador de la Punta, à l'entrée de la rade, et le Castillo de la Chorrera à la lisière du quartier de Miramar à l'ouest. Sept kilomètres d'arcades roses, jaunes, vertes ou violettes, de balcons en suspens, d'encorbellements aux lourds pilastres, d'escaliers perdus dans le noir, de colonnes faussement doriques, de cariatides figées, de gratte-ciel épars... Succession infinie d'extravagances architecturales, qui, à la lueur déclinante du crépuscule, devient une trame douce et émouvante.

Parcourez-le d'abord en voiture, puis arrêtez-vous du côté du Prado. Attention, il est interdit de se garer sur le Malecón, et les demi-tours sont quasiment impossibles !

Autre lieu de promenade des Havanais, le Malecón est aujourd'hui un trottoir très prisé des jeunes filles à la recherche d'un riche touriste... et les autostoppeuses ont des destinations hasardeuses. Sur le muret, des gamins marchent consciencieusement. En contrebas, les rochers noirs dressent des centaines de pointes effilées. Des pêcheurs patientent la canne en main. Des policiers, tout de bleu vêtus, surveillent l'ordre public.

Arrivé devant le Coppelia, Bertillon cubain aux portes trop souvent closes, vous êtes à la hauteur du quartier moderne du Vedado dont l'artère principale est la calle 23 ou Rampa. Là, dans un désordre apparent, des immeubles, parallélépipèdes de verre et de béton, rivalisent de hauteur et de gigantisme. Des bureaux, commerces, studios de radios et de télévision, banques, restaurants et cabarets se sont emparés des étages inférieurs. Les enseignes lumineuses multicolores ont perdu de leur éclat, mais, la nuit venue, le Vedado a des allures de Las Vegas un peu vieillie. Paradis des touristes, le quartier est truffé d'hôtels de luxe, du *Habana Libre*, aux *Capri* et *Riviera*, tous de la génération des années 50.

Le *Nacional*, palace mythique que l'on inaugura le soir de la Saint-Sylvestre 1930, fait, quant à lui, plus penser aux châteaux-hôtels américains des années 1920. Avec quatre cent quatre-vingt-sept chambres, une piscine où Johnny Weissmuller (alias Tarzan) donna le change aux champions cubains, et tout le confort moderne, le *Nacional* est un must. Son personnel vient des meilleurs établissements du monde entier. Après-guerre, un casino remplace la salle de bal et sa gestion est confiée au "parrain" Jack Lansky. Le succès est tel qu'on envisage alors de créer un port de plaisance à ses pieds. La révolution mettra un terme à ce projet. Les hôtes de cette ancienne batterie militaire sont des plus prestigieux : Churchill put y assouvir sa passion des havanes, Buster Keaton se suspendre aux fenêtres, le duc de Windsor y emmener sa divorcée... Les stars hollywoodiennes ne boudèrent pas non plus les lieux. Ava Gardner, Errol Flynn, Marlon Brando

Ci-dessous et double page précédente : le Malecón.

occupèrent des suites surplombant l'étendue soyeuse de l'Atlantique. Si le cœur vous en dit, offrez-vous une nuit dans ce cinq-étoiles (environ cent cinquante euros) ou, plus simplement, prenez-y un verre au fond d'un confortable fauteuil en osier sous la véranda, côté mer.

Les hôtels sont décidément une des richesses du coin, puisqu'un peu plus loin, le *Presidente* rouge bordeaux, contemporain du *Nacional,* affiche ses modestes dix étages. Le Che, en passant sa nuit de noces dans la chambre 904, le rendit célèbre. La Casa de la Amistad, Paseo 406, e/ 17 y 19, est une riche demeure entourée d'un jardin exubérant où l'on peut s'arrêter pour boire un verre ou manger un morceau.

C'est toujours dans ce quartier, au bout de la rue San Lázaro, que se trouve l'université. Perchée au sommet d'une colline, elle fait penser à une sorte d'Acropole havanaise, blanche et vaniteuse, qui

A droite, le musée Napoléonien sur San Miguel : œuvres d'art, meubles, bibliothèque etarmes de l'époque de l'empereur, rassemblés par un collectionneur passionné.
A gauche et page 151 : derniers regards sur les façades du Malecón.

domine le savoir du haut de son escalier colossal. Fondée en 1728, l'université n'accueillit des Noirs et métis qu'à partir de 1842. Dans la première moitié de notre siècle, des gangs, sous couvert de mouvements révolutionnaires, régentent le campus et sèment la terreur. Nombre d'exactions sont menées. Fidel Castro, membre de l'UIC (Union insurrectionnelle révolutionnaire) ne rentre qu'armé à l'Alma Mater. Batista justifie en partie son coup d'Etat par la nécessité d'en finir

Le Vedado.

avec ce banditisme. Berceau de l'opposition, l'université profite de son autonomie pour organiser la résistance. Ainsi naît le Directoire insurrectionnel qui jouera un grand rôle dans la révolution. À l'heure de la période spéciale, l'université a d'autres préoccupations, plus prosaïques : étudiants et professeurs sont mis à contribution pour mettre en culture une centaine d'hectares de pâturages

dépendant de l'institut supérieur de sciences agronomiques.

Juste à côté de ce haut-lieu culturel, une surprise étonnante vous attend : le musée Napoléonien, sur San Miguel. Quel hasard a bien pu être à l'origine de cette formidable collection bonapartiste ? En fait, cette dernière est née de la passion d'un riche Cubain, Julio Lobo, qui acquit pendant quarante ans, dans les ventes aux enchères du monde entier, tout ce qui avait un rapport plus ou moins étroit avec l'Empereur. Il faut ajouter que cette vénération impériale était en vogue à l'époque puisque Batista lui-même la cultivait. En 1961, le propriétaire céda sa collection à l'Etat cubain et s'installa aux États-Unis. Celle-ci, regroupée avec des pièces provenant d'autres collections, est présentée dans la maison Ferrara style Renaissance italienne, construite entre 1926-1928 (Ferrara, alors le ministre des Finances de Machado, détournait allègrement les fonds et matériaux destinés au Capitole). Sur quatre niveaux, vous découvrirez une très belle reconstitution des décors Empire avec des meubles et objets ayant appartenu à des membres de la famille impériale. Vous y verrez même le masque mortuaire, le bicorne, la brosse à dents de Napoléon ! Au dernier étage, une majestueuse bibliothèque abrite quelque cinq mille livres sur l'histoire de France de la chute des Bourbons à la fin du Second Empire. La charmante bibliothécaire, ancienne traductrice de français, se fera une joie de parler de ses chers ouvrages avec vous.

Au cœur du Vedado, calle 17, dans une belle demeure du début du XXe siècle, se trouve un autre musée intéressant, le musée national des Arts décoratifs. On peut y admirer tout le luxe raffiné d'un intérieur de grande famille cubaine.

Le Vedado est surtout animé une fois le soir venu. La musique s'échappe d'un peu partout. Des jeunes discutent sur le trottoir. L'affluence est à son comble dans les boîtes de nuit. Sur Calle Hamel, haut lieu du tango argentin et de la musique dite *filín*, des concerts, spectacles de poésie ou des représentations théâtrales sont programmés le vendredi soir. Les nuits havanaises existent bel et bien, mais gare aux lendemains houleux !

Place de la Révolution, cimetière C.-Colomb

Si la fête de la veille vous a laissé un peu fatigué, écartez-vous du centre-ville et allez explorer les alentours de la place de la Révolution. Il vous suffit de remonter la Rampa jusqu'à l'avenue de los Presidentes. La vaste esplanade de la place de la Révolution offre peu d'intérêt en dehors de son immensité et de l'impression de vide qu'elle engendre : quatre hectares et demi. C'est là qu'ont lieu les manifestations de soutien au régime. Au centre, le monument élevé à la gloire de José Martí, un obélisque en forme d'étoile, atteint cent dix mètres de haut. Dessiné par l'architecte cubain Sicre, c'est un repère idéal pour les vautours de

L'hôtel **Nacional** *et la place de la Révolution.*

Place de la Révolution, le portrait du Che babille une façade du ministère de l'Intérieur.

Le Castillo del Morro.

la capitale. En face, le portrait du Che veille jour et nuit.

Un peu en arrière, le cimetière Christophe-Colomb offre au voyageur ses allées paisibles et fleuries. Les arbres sont taillés, les parterres aussi soignés que ceux des jardins du Luxembourg. Quant aux monuments funéraires, ils sont tous plus somptueux les uns que les autres. Les chapelles gothiques côtoient les pyramides égyptiennes, les mausolées de marbre et les groupes sculpturaux. Dans le monument dressé à la mémoire des héros de la révolution demeure à jamais le grand écrivain Alejo Carpentier.

Miramar

Quartier des ministères et des ambassades, le Miramar a aussi sa cinquième avenue. Irrésistiblement, avec son terre-plein central à l'ombre de buis taillés et de pins colonnaires, ses grandes demeures aux façades pastel, appelées ici *mansions,* ses jardins épanouis, elle évoque les splendeurs de Beverly Hills. Contraste saisissant avec l'agitation et l'impression d'abandon du centre-ville.

Castillo del Morro, Castillo de la Punta

La nuit, vous remarquerez certainement, à côté des lumières du phare, les hautes murailles éclairées qui se dressent au sommet d'un promontoire en face de la Vieille Havane. Surveillant le canal et la cité, le Castillo del Morro fut bâti à la fin du XVIe siècle, et fait face à son *alter ego,* le Castillo de la Punta, élevé à la même époque sur l'autre rive. À la Darse des Français, douze canons, chacun portant un nom d'apôtre, sont dirigés vers le port. De là, on a une superbe vue sur le Malecón. (Fermé le lundi et dimanche après-midi).

La forteresse de la Cabaña, plus récente, fut construite à l'emplacement exact où les Anglais bombardèrent la ville en 1762. Achevée en 1774, elle domine la Vieille Havane. Récemment ouverte au public, contre dollars sonnants et trébuchants, cette caserne est un véritable havre de paix. Dans la quiétude limpide d'un après-midi tropical, vous pourrez admirer les baraquements vieux rose percés de portes vertes, les contreforts épais et leurs œillères à intervalles réguliers, les canons sagement alignés qui, chaque jour, tonnent les 21 heures. Vous pourrez assister à la cérémonie puisque la forteresse reste ouverte jusqu'à 22 heures. À l'intérieur, le musée du Che retrace toute la vie du héros et expose quelques objets personnels.

Un verre à la *Divina Pastora* vous laissera le temps de contempler La Havane à perte de vue.

A droite : la jeunesse, force vive du pays.

Les environs de La Havane

Regla

De l'autre côté de la baie, Regla coule des jours paisibles. À côté de l'embarcadère où des bateaux viennent régulièrement faire la navette avec la capitale, une charmante église accueille chaque dimanche ses fidèles. Un peu plus loin, les mêmes déposent des offrandes à Yemayá, déesse de la mer dans le culte de la *santeria*. Un petit musée jouxte le sanctuaire et abrite quelques objets de culte afro-cubain. En toile de fond, les gros pétroliers ou paquebots vont et viennent dans le port.

Guanabacoa

À l'est de La Havane, cette bourgade coloniale assez riche mérite le détour si l'on veut mieux comprendre les rites afro-cubains. Le musée municipal expose par ailleurs une vieille Cadillac de 1902 et le piano de Rita Montaner.

Infos pratiques

Se repérer

Il existe à La Havane quinze municipalités. En dehors de La Habana Vieja, Centro Habana et Plaza de la Revolucion, les plus touristiques et centrales, il y a à l'ouest, en bord de mer, Playa, en arc de cercle autour du centre historique en allant d'est en ouest Cerro, Diez de Octubre, San Miguel del Padron et Guanabacoa avec, à la périphérie, Lisa, Marianao, Arroyo Naranjo, Boyeros et Cotorro et enfin, plus à l'est, Playas del Este.

Pour les adresses, on indique en premier la rue, puis le numéro, l'emplacement par rapport aux artères voisines (« entre telle et telle rues » est symbolisé par e/... y ... tandis qu'« à l'angle de » s'écrit

A gauche : trois générations de Havanaises.

L'hôtel Santa Isabel.

esq. ou y) et enfin le quartier. Dans le Vedado ou à Miramar, les rues sont identifiées par des numéros ou des lettres.

En tout état de cause, munissez-vous d'un bon plan de La Havane, et si vous voulez avoir une meilleure idée de l'implantation générale de la ville, rendez-vous à la Maqueta de la Ciudad (Calle 28, n° 113, e/ 1 y 3, Miramar), une gigantesque maquette de la cité qui permet aussi de mieux comprendre la chronologie urbaine. Chaque période de construction est repérable à un code couleur. (Fermé le dimanche et lundi).

Où dormir

À La Havane, vous pouvez choisir de dormir chez l'habitant. Solution à la fois économique et parfois pleine de charme, d'autres fois pleine de surprises... pas forcément bonnes. Pour obtenir une bonne adresse, fiez-vous alors au bouche à oreille. La volatilité des adresses ne permet effectivement pas de les répertorier dans un guide.

Les hôtels, depuis le boum touristique, ont, semble-t-il, éclos un peu partout à La Havane. À côté des grosses structures héritées de l'ère américanisante et mafieuse, sont apparues de petites unités aménagées dans d'anciens palais restaurés. À vous de savoir ce que vous préférez.

Les palais et couvents reconvertis
- Convento Santa Clara, Residencia Academia, Calle Cuba, n° 610, esq. Santa Clara. C'est l'hôtel, qui s'apparente d'ailleurs plutôt à une auberge de jeunesse, qui inaugura le principe inventé par l'architecte Eusebio Leal : chaque demeure aristocratique restaurée est reconvertie en hôtel ou restaurant et les dollars retirés de l'exploitation sont reversés dans la cagnotte de la réhabilitation urbaine. Le prix des chambres étant fort modeste et leur nombre limité, il est impératif de réserver longtemps à l'avance. Il y a également un dortoir et une suite.

Le restaurant Medios Puntos.

- Hostal Conde de la Villanueva, calle Mercaderes, n° 202, esq. Lamparilla. Un autre palais destiné aux touristes et plus particulièrement aux amateurs de havanes. Le rêve sans aucun doute de feu Churchill ! Plus cher que le précédent.
- Hostal San Miguel, Calle Cuba, n° 52, www.hostalsanmiguel.cu. En bordure de la baie, un merveilleux petit hôtel à la décoration Arts déco, seulement dix chambres. Excellent rapport qualité-prix.
- El Commendador, Plaza San Francisco. Cette ancienne résidence du commandeur de l'ordre d'Isabelle la Catholique ouvre aujourd'hui les grilles de bois ouvragé des chambres à l'étage aux touristes. Charme et simplicité garantis.
- Hotel Santa Isabel, Calle Baratillo, n° 9. Meubles précieux, gravures anciennes et marbres donnent à cet adorable palais un cachet inimitable. À deux pas de la Plaza de Armas. La chambre 314, sa terrasse et sa vue valent la réservation. Les vingt-six autres aussi !
- Hotel Florida, calle Obispo, esq. Cuba. Au cœur de la Habana Vieja, ce palais est un comble de raffinement avec galerie pavée de marbre et fauteuils couverts de chintz fleuri.

Les hôtels mythiques

- L'Inglaterra, Prado, n° 416. Un palace mêlant façade néoclassique et intérieur mauresque à deux pas du Capitole. Chambres vastes à prix raisonnable.
- Ambos Mundos, calle Obispo, esq. Obispo y Mercaderes. Pour les inconditionnels d'Hemingway.

Les grands hôtels à l'américaine

- Hotel Nacional, calle O, esq. 21., dans le Vedado. Un palace façon Miami Beach avec palmiers, bord de mer et piscine. Cher mais le prix du décor est inclus !
- Habana Libre Tryp, calle L. Toujours dans le Vedado. Chambres spacieuses, couloirs interminables, plafond cathédrale et décor très années 1950. On aime ou pas, mais la vue des balcons est saisissante.

Où manger

À Cuba, ne vous attendez pas à sublimer votre sens gustatif. Vous n'êtes pas ici dans un royaume gastronomique. Faute de savourer des mets dignes d'étoiles, vous pouvez choisir votre restaurant pour l'ambiance, le décor, la vue ou… les cocktails. Depuis quelques années, le gouvernement a autorisé les *paladares*, qui sont à peu près l'équivalent de nos tables d'hôtes. Là encore, il est difficile d'indiquer dans un guide les bonnes adresses du fait de la volatilité de ces structures. Sachez que si vous désirez dîner dans un décor de cinéma, vous pouvez vous rendre à *la Guarida* où l'on tourna *Fresa y Chocolate*, Calle Concordia, 418. La reine

d'Espagne en personne y aurait mangé !

• *La Habana Vieja*

- La Mina. Pour sa terrasse sur la magnifique place d'Armes et ses horaires non stop.
- El Patio. Dans un vieil hôtel particulier situé idéalement sur la place de la Cathédrale. Pour le décor et l'ambiance.
- La Bodeguita del Medio. Halte incontournable pour son parfum hemingwayien, son *mojito* et ses graffitis. Attention, l'endroit est plutôt bondé. L'addition est raisonnable.
- XII Apostoles. Dans le parc qui surplombe le port, juste en face de la vieille ville. La vue y est divine mais l'addition salée.
- El Mercurio. Cette brasserie a le double avantage de se situer sur la plaza San Francisco et d'être ouverte en permanence. Si vous avez un creux à 2 heures du matin, vous saurez où aller.

La salle à manger de l'hôtel **Inglaterra**.

- La Casa de la Amistad. Pour trois fois rien, vous vous restaurerez sur sa terrasse. Avec quelques dollars supplémentaires, vous savourerez votre repas dans la fabuleuse salle à manger au décor signé Lalique.

• Le Vedado

Pour avoir une belle vue d'ensemble du Vedado, allez déjeuner au restaurant La Torre au trente-cinquième étage d'un gratte-ciel de béton qui fut à l'époque une prouesse technique. Un ascenseur spécial vous y emmène directement. La carte, très poissons et fruits de mer, offre des prix raisonnables, les plats sont savoureux et le service affable. En bas, le restaurant El Emperador, drapé d'or et de rouge et meublé Napoléon, vous attend pour dîner. À l'embouchure du fleuve Almendares, un jardin japonisant tout en galets, coraux et coquillages avance dans la mer. Dans ce cadre romantique, vous pourrez également rassasier votre faim ; vous êtes au fameux Restaurant 1830 réputé pour ses poulets et cocktails maison.

• Miramar

Quelques-unes des meilleures tables de La Havane se trouvent dans ces parages : El Tocororo, du nom de l'oiseau national, et son jardin d'hiver, proposent une carte originale et appétissante ; plus loin, La Cecilia prépare les meilleurs plats de la cuisine cubaine.

Où sortir

- Le Tropicana, à Marianao. Un spectacle en plein air plein de strass, de paillettes et de peau dénudée dans la plus pure tradition des cabarets. Cher mais aussi inévitable que le Lido à Paris.
- Le Tropical, à Playa. La grande boîte havanaise où se produisent les meilleurs groupes du moment. Les touristes qui ont tout intérêt à rester dans les balcons qui leur sont réservés peuvent profiter de

Les plages se succèdent à l'est de La Havane, desservies par une ligne de bus : Bacuranao, Tarara, El Mégano, Guanabo et Brisas del Mar.

l'ambiance mais attention aux vols.
- La Casa de la Musica, Calle 20, entre 33 et 35 ave., Miramar. Des concerts de haute tenue et quelques filles de rêve dans le parterre.
- La Maison, calle 16 y 7e av., Miramar. L'idée est originale puisqu'il s'agit d'organiser chaque soir à 22 heures des défilés de mode, mannequins sublimes à l'appui, suivis ensuite par une surprise-partie générale.
- El Turquino, calle L, Vedado. Pour danser tout en contemplant toute La Havane à ses pieds. La discothèque est perchée au sommet du Habana Libre Tryp.
- Macumba, Calle 222, Siboney, après Miramar. Une boîte très en vogue tenue par un Français avec shows chauds et belles créatures.

L'ouest

Après avoir traversé les quartiers chics de Miramar, entraperçu l'énorme palais des Congrès destiné à faire de La Havane un pôle de conférences internationales, nous arrivons à la Marina Hemingway. Ce complexe touristique tout récent associe port de plaisance, bungalows, hôtels et restaurants.

Brutalement, nous sortons de l'agglomération et tombons en rase campagne. À perte de vue, les étendues vertes et ondoyantes des cannaies embrasent le paysage. Les hautes cimes des palmiers rompent de temps en temps cette monotonie horizontale. L'*autopista* se déroule, spectacle étonnant qui associe de loin en loin vieilles américaines, charrues, vélos et camions poussiéreux. Sur les bas-côtés, des vaches paissent tranquillement.

Nous dépassons le port de Mariel, ses fumées polluantes et ses réminiscences d'un grand exode. Les palmiers Barrigonas exposent leur tronc ventru. Bientôt, les premières *casas de tabacos* tout en planches rappellent que nous approchons de la Vuelta Abajo, quarante mille hectares dédiés au meilleur tabac.

Las Terrazas

À une cinquantaine de kilomètres de La Havane, Las Terrazas est un "village-champignon" construit au début des années 1970 pour mener dans la région un programme de reforestation. Depuis, les collines pelées sont devenues verdoyantes et la zone a été reconvertie en un sanctuaire écologique à but lucratif et touristique. On a donc construit un hôtel de classe internationale, le *Moka*, au-dessus d'un lac artificiel, tracé des sentiers dans la forêt, prévu des activités nature style V.T.T. ou pêche à la truite. De nombreuses randonnées pédestres permettent d'observer la faune et notamment quelques jolis oiseaux comme le *tocororo* et de cheminer le long d'anciennes plantations de café à l'abandon. Le projet n'a pour l'heure pas reçu l'accueil prévu.

Soroa

Pour vous rendre à Soroa, vous pouvez poursuivre la route à travers la réserve qui prodigue généreusement de fulgurants paysages. Dans la Sierra del Rosario, le site de Soroa (du nom du Français Jean-Pierre Soroa, premier planteur de caféiers à Cuba) est connu pour sa cascade (el Arco Iris) de quelques dizaines de mètres et le jardin des orchidées voisin (sept cents espèces). Une occasion de se promener dans un décor tropical, à pied ou à cheval (à partir de l'hôtel *Villa*

Ci-dessous : séchage des haricots à Viñales et du tabac à Pinar del Río.
A droite : la grotte de l'Indien.

Soroa). En grimpant au sommet des collines La Vigia et Vista de Gavilan, vous pourrez, par temps clair, apercevoir les côtes nord et sud de Cuba, et même l'île de la Jeunesse. Les Baños Romanos n'ont, on s'en doute, rien de romain. Il s'agit d'un petit bassin construit en 1945 et alimenté d'une eau locale sulfureuse aux vertus thérapeutiques.

Pinar del Río

La capitale provinciale exhibe ses jolies façades à colonnades d'inspiration néo-classique. Élégante, colorée et animée, elle ne mérite néanmoins qu'une visite de passage le temps de suivre une visite guidée à la manufacture de cigares Francisco Donatien, Calle A. Maceo, n° 152 ou de se perdre entre les colonnes kitsch et les vitrines poussiéreuses remplies de bizarreries animales ou végétales du musée local de Sciences naturelles, palacio Guasch. On peut également faire un saut à la fabrique de liqueur, dite la Casa de Garay, qui est la seule à produire la "Guayabita del Pinar", un alcool mêlant le rhum et une petite goyave. Pour clore ce tour de la ville, vous pouvez enfin vous rendre à la cathédrale de San Rosendo puis au théâtre Milanes qui fut en son temps la fierté de la préfecture.

Viñales

La route entre Pinar del Río et Viñales a été surnommée *carretera de los borrachos,* route des ivrognes, en souvenir des verres de rhum que s'enfilaient les ouvriers lors de sa construction. Le décor, lui, est en tout cas bucolique en diable, avec les *bohíos* (cases antillaises façon cubaine) et leurs inévitables *sillons* (fauteuils à bascule), des ânes et chevaux qui broutent des brins d'herbe au bord de la route, des meuglements et caquètements en fonds sonore.

À la sortie d'un virage, soudain, la vision d'un paysage torrentiel et sublime. Nous arrivons, sous une pluie d'orage d'une violence tropicale, dans la vallée de Viñales. Entre le halètement des essuie-glaces qui tentent vainement de dégager le pare-brise, nous devinons une vallée de larmes, de monts et de merveilles, déclarée d'ailleurs monument historique.

Le motel *Ermita*, perché au-dessus du village, offre un refuge mérité. Disposés en arc de cercle, ses bâtiments respirent le calme. De profonds fauteuils sur la terrasse de chaque chambre invitent à la contemplation. Une piscine, un parc bien entretenu et un restaurant avec vue complètent le cadre. Le tout pour un prix des plus raisonnables.

Après une nuit d'un sommeil réparateur, n'hésitez pas à vous lever de bonne heure. La campagne, au petit jour, est délicieuse, fraîche, innocente. Elle semble s'étirer paresseusement et résonne de mille et un petits bruits familiers, chants des coqs qui se répondent, stridulement des cigales, pépiements d'oiseaux, coups de machette…

La vie peu à peu s'accélère, un camion passe au loin, des écoliers descendent la rue en jouant, un cavalier emmène un cheval dans un autre pâturage. Au loin, les *mogotes,* ces rochers calcaires géants taillés par la pluie, se dressent tels un troupeau d'éléphants. On se croirait dans une sorte de baie d'Along plongée dans un océan de verdure. Dans ce terroir très particulier se sont développées une faune et une flore endémiques qui

Intérieurs de bohíos.

évoquent la jungle avec ses lianes et ses plantes épiphytes.

Avant de partir à la découverte des environs, commencez par faire un tour à l'adorable jardin botanique tenu par deux vieilles dames charmantes. L'entrée n'est pas payante mais libre à vous de laisser un dollar. Tous les horticulteurs en herbe se régaleront à la vue des variétés exotiques qui foisonnent sur ces quelques arpents de terre. Du café au pamplemousse en passant par l'avocat, vous aurez à vos pieds une leçon de choses tout ce qu'il y a de plus vivant. Pour les amateurs de promenades équestres, la région est idéale et les hôtels proposent chevaux, selles et guides.

El mural de la Prehistoria
(Le mur de la Préhistoire)

À quelques kilomètres du charmant village de Viñales, le mur de la Préhistoire est une curiosité artistique. C'est un élève cubain de Diego Rivera, Leovigindo Gonzales, qui réalisa cette fresque sur une falaise haute de cent vingt mètres et large de cent quatre-vingts. Commandé par l'Etat, son travail dura plus de cinq ans et fut achevé en 1959. La fresque, aux couleurs vives et striée de noir, représente les principaux animaux préhistoriques ayant vécu dans l'île. Chaque année, des ouvriers-escaladeurs entretiennent cette œuvre grandeur nature. Le trait noir indique le niveau de la mer à l'époque préhistorique. Il est préférable de venir le matin ; la paroi est alors en plein soleil. Un restaurant, à ses pieds, sert une cuisine cubaine au son d'un orchestre.

Le mur de la Préhistoire.

La cueva del Indio
(La grotte de l'Indien)

Sur la route, en direction de la côte nord, vous trouverez à quelques kilomètres de Viñales la grotte de l'Indien, que l'on visite à bord d'une barque. Dans cette rivière souterraine découverte en 1920, l'éclairage est malheureusement très parcimonieux. L'obscurité est à peine éclairée d'une faible lueur jaune le temps d'entrevoir d'étranges stalagmites en forme de poule, de bouche, de proues de navire…

La cueva de Santo Tómas
(La grotte de Saint Thomas)

La région autour de Viñales est constellée de grottes. Fin praticien de la guérilla, le Che, à l'époque de la crise des fusées, avait même eu l'idée de se réfugier dans l'une d'entre elles. La Cueva de los Portales, du côté de San Diego de los Baños, servit ainsi de siège à son état-major. En se rendant sur place, vous pourrez voir son bureau de pierre, un vieux lit et d'autres reliques touchantes du héros… Mais, la plus grande cavité est celle dite de Santo Tómas, située à une vingtaine de kilomètres au sud-ouest de Viñales. Avec quarante-sept kilomètres de ramifications, elle est la plus vaste du pays. On a ouvert à ses côtés un centre de spéléologie où vous pourrez vous adresser pour obtenir un guide. Les visites sont tarifées en fonction du temps passé. Ici, aucun aménagement ne dénature l'endroit et c'est à la lampe de poche qu'on découvre les salles et parois. On peut alors se prendre pour un aventurier. Pour la visite, prévoir un pull même s'il fait chaud dehors !

Pour revenir à La Havane, suivez la route qui longe la cordillère par le nord. De tranquilles hameaux allongés de chaque côté de la nationale égrènent leurs cases pastel et leurs jardins fleuris. Un terrain de rodéo vide attend le prochain tournoi. Une palmeraie arrondit son dos au soleil. Un paysan fait sécher du riz sur une portion de route. D'imposants baobabs ont un air d'Afrique. Arrivés à la baie de Cabaña, vous pourrez admirer une fois de plus la mer. Une antique locomotive et son cha-pelet de wagons de canne à sucre témoignent de la vocation sucrière de la région depuis des siècles. D'ailleurs, sur les routes de l'archipel, on retrouve un peu partout ces panonceaux signalant un croisement avec une voie ferrée. Rien de surprenant à cela, puisqu'au XIXe siècle, la canne était transportée en wagonnets. Surtout, ralentissez sinon gare aux secousses !

Infos pratiques

Où dormir

- Le Moka, Las Terrazas. Ce nouvel hôtel de 26 chambres au cachet colonial est enseveli dans la verdure. Un modèle en

matière d'architecture et de décoration. Piscine et tennis. Plusieurs restaurants.
- La Ermita, Viñales. Perché au-dessus du village, cet hôtel offre une vue sublime. Piscine, tennis et confort moderne.
- Los Jazmines, Viñales. Situé un peu à l'écart, cet établissement a pris ses aises dans une élégante demeure coloniale. Des chambres sont également aména- gées dans des dépendances et des bunga- lows éparpillés dans le jardin. Piscine et calme.

Où sortir

- El Palenque de Cimarrones, à côté de la Cueva del Indio. Le lieu à lui seul vaut le déplacement puisque cette boîte de nuit le soir, salon de thé en journée, est située dans une grotte. Ambiance troglodyte donc et déchaînée le samedi soir.

Ci-dessus : le chargement de la canne sur une charrette à bœufs.
Doubles pages suivantes :
la vallée de Viñales et ses mogotes ;
inspection de la canne à sucre ;
les conditions de vie dans les campagnes demeurent très sommaires.

173

Matanzas, Varadero, Cárdenas

Sur le littoral, à la sortie du tunnel, des plages, les fameuses playas del Este, très prisées des Havanais, s'étendent sur une trentaine de kilomètres. On dépasse Cojímar et ses souvenirs hemingwayens *(le Vieil Homme et la mer)* avant d'aborder la station balnéaire de Santa María del Mar, puis le joli petit village de Guanabo.

La pharmacie française de Matanzas.

L'autoroute traverse alors des champs pétrolifères. Odeurs d'écumes et de pétrole envahissantes. Odeurs de mélasse aussi. Une industrie sucrière dresse ses cheminées un peu plus loin. Sur la côte, Jibacoa marie le charme de son village et la beauté de sa plage. Une plongée au creux d'une de ses criques permet une halte rafraîchissante. Enfin, des collines, de généreux bambous remplacent le triste dénuement des paysages énergétiques.

Matanzas

Matanzas est une ville provinciale comme beaucoup d'autres. Son centre historique poussiéreux recèle néanmoins de belles demeures des XVIIe et XVIIIe siècles. Son apogée date du siècle précé-

Ambiance familiale sur la plage de Varadero.

dent grâce au commerce florissant du sucre ; l'âme voyageuse et poétique de ses habitants éclairés la fit surnommer pendant un temps l'Athènes de Cuba. Après la révolution et l'établissement de relations commerciales intenses avec l'Union soviétique, Matanzas devient un port très actif.

Sur la Plaza de la Libertad, le musée Pharmaceutique, unique en son genre, semble avoir traversé le XXe siècle sans aucune concession à l'ère moderne. Créée en 1882 par un Français, le docteur Ernest Triolet, la pharmacie fonctionna jusqu'en 1962 telle quelle. Le comptoir, la caisse mécanique, les fioles, les flacons en cristal, les pots de faïence, et même les étiquettes sont d'époque. Temple d'un savoir-faire centenaire, la boutique présente sur ses étagères des médicaments, onguents, poudres, ampoules, essences et plantes médicinales qui surent soulager nos aïeux. Une collection d'outils chirurgicaux, des mortiers, un alambic, des moules à suppositoires, des livres de comptes et une bibliothèque pleine d'ouvrages scientifiques évoquent l'univers artisanal un peu magique des laborantins d'antan.

Juste à côté, l'hôtel-restaurant *Le Louvre*, fondé en 1894, prolonge cette impression de plongée dans le temps. Le monumental comptoir en pierre, le vaisselier en acajou chargé de porcelaines, les lustres de cristal, les *mediopuntos* chamarrés sont autant de vestiges d'un glorieux passé.

Autres curiosités en dehors du classique circuit touristique *via* la forteresse San Severino (XVIIe siècle), la cathédrale San Carlos (1730), le Musée provincial dans le Palacio del Junco et l'église Monserrat, les nombreux ponts qui enjambent les rivières Yumurí et San Juan, la caserne des pompiers et sa façade néoclassique et la gare qui fut ouverte en 1887. L'arrivée du chemin de fer à Cuba avant même son installation en Espagne fut un grand objet de fierté pour les Créoles.

À quelques kilomètres au sud, les grottes de Bellamar, si elles ne sont pas très longues, présentent néanmoins d'intéressantes piscines intérieures et un réseau de galeries et de couloirs. Des visites guidées de trois quarts d'heure sont organisées dans la journée.

À une vingtaine de kilomètres avant l'arrivée sur Varadero, n'hésitez pas à faire un crochet en suivant la direction de l'aéroport, puis les panneaux « Cueva de Saturno ». La grotte de Saturne et sa baignade à moitié souterraine vous attendent. L'eau est douce et tiède, et les fonds sont spectaculaires.

Varadero

À 140 kilomètres à l'est de La Havane, Varadero est situé sur la presqu'île de Hicacos, langue de terre qui s'avance sur quelque vingt-cinq kilomètres dans l'océan. On y accède après avoir payé son écot au péage. Bienvenue ensuite au royaume des dollars, seule monnaie ayant cours ici.

Double page suivante : outre son ambiance latino, Cuba offre aussi tous les atouts d'une île tropicale.

La luxueuse villa construite pour Dupont de Nemours dans les années 30.

L'histoire de cette station balnéaire est récente. Les premiers à y installer leur résidence secondaire furent de riches Américains ou Cubains. Cela se passait dans les années 30, en pleine ère prohibitionniste américaine. Le modeste bourg vit alors les rois de la pègre, les maîtres d'empires industriels, les princes du sucre affluer sur sa plage. Des chantiers à n'en plus finir bouleversèrent l'environnement local. La mégalomanie des uns, la corruption des autres stimulaient un style grandiloquent, comme le montre le faste un rien surfait du *Retiro Josone*. Cette ancienne propriété d'un millionnaire cubain est dotée d'un immense parc, d'un lac artificiel, de passerelles à la japonaise, de statuettes romantiques, de lampadaires tout droit sortis d'un studio de Hollywood, de flamants roses et de canards apprivoisés. Trois restaurants et deux bars permettent aujourd'hui de profiter de ce lieu très *jet-set*. Un peu à l'écart de la station, le richissime Dupont de Nemours s'était fait construire un palais les pieds dans l'eau. De style baroque espagnol, la demeure, de sa cave à vins à son belvédère-salle de danse mauresque, est un échantillon bien conservé d'un certain art de vivre qui décline le luxe en bois précieux, en marbre italien, en cristal de Baccarat... Reconvertie en hôtel-restaurant, la villa *Las Américas* propose langoustes et poissons dans un cadre magnifique. Sa terrasse surplombant les flots est un bon compromis ! Vous pourrez y boire un verre ou déguster un hamburger pour un prix modique. Sur Kawama, une enfilade de villas balnéaires des années 1930 a le charme d'un Hossegor caraïbe : toits de tuiles, volets aux couleurs vives, larges baies vitrées en arc-de-cercle. Une d'entre elles, la *Casa de Al,* fut une des propriétés d'Al Capone. Aujourd'hui, ce bar-restaurant est particulièrement agréable, grâce à un décor intérieur typique et à une véranda au-dessus des vagues.

Vers l'extrémité orientale de la péninsule (km 12 de l'*autopista Sur),* le delfinarium propose trois spectacles dans les eaux limpides de la mangrove. Et, si le cœur vous en dit, vous pourrez également nager avec les dauphins. Une expérience inoubliable. Tout au bout, le parc naturel est une zone où la flore, essentiellement de cactées, pousse librement autour d'un lagon interne.

Depuis le boum des années 30 à la fin des années 50, Varadero poursuit sur cette lancée. La directive économique mettant le tourisme en première ligne n'a fait que réactiver l'essor immobilier de la zone, qui voit les chantiers conquérir un territoire de plus en plus important. L'inauguration de nouveaux complexes hôteliers ne cesse pas. Ainsi, récemment, le Club Med y a ouvert un nouveau village.

Les infrastructures hôtelières récentes sont nombreuses à Varadero.

Le village de Varadero, tout en longueur, présente, en dehors de ses restaurants, cabarets et boîtes de nuit, peu d'intérêt. Vous pouvez tout de même faire un saut au petit musée municipal, sis dans une demeure de style Nouvelle-Angleterre, le temps de regarder pêle-mêle quelques vieilles images du coin. Mais, l'attrait majeur est assurément ailleurs, côté grèves à perte de vue et lagons sublimes. Cultivez donc le sable fin, l'ombre légère des cocotiers, le bleu azur de la mer, la tiède brise des alizés... L'endroit est idéal pour coincer la bulle quelques jours, juste le temps d'améliorer son bronzage, de piquer une tête, voire deux ou trois, ou de s'aventurer à la pêche au gros (départ de la marina). La plupart des hôtels proposent à leurs clients une gamme d'activités nautiques (il y a même du scooter des mers), des cours de gymnastique, des parties de tennis ou de base-ball, des séances de musculation et de massage. Un golf de dix-huit trous est également installé dans le domaine *Las Americanas*.

Côté vie nocturne, Varadero n'offre que l'embarras du choix. Le bourg foisonne de restaurants : dîner intime à la lueur des bougies à *La Casita,* ambiance chaleureuse à *El Bodegon Criollo,* grand jeu à *Las Américas*. Avant de vous rendre à la discothèque de la *Cueva del Pirata* aménagée dans une grotte naturelle, prenez un verre dans un des nombreux bars où la jeunesse dorée cubaine se rencontre aux sons de rocks *made in USA*.

Cárdenas

À 24 kilomètres au sud-ouest de Varadero, Cárdenas est une promenade facile pour les vacanciers de Varadero. Fondée en 1828, cette bourgade vécut un épisode historique, lorsqu'en 1850, des mercenaires américains tentèrent d'annexer l'île. La population réagit spontanément et écrasa l'envahisseur. Le drapeau cubain, œuvre du poète Miguel Teube Tolon, fut hissé pour la première fois à l'occasion de cette victoire.

Le drapeau cubain est hautement symbolique : le triangle rouge représente le

Les maisons de bois diversement colorées bordent les larges rues de Cárdenas.

sang versé pour l'indépendance, l'étoile blanche à cinq branches à l'intérieur la liberté, les trois côtés du triangle la devise française Liberté, Égalité, Fraternité, les deux bandes blanches la paix et les trois bandes bleues les anciennes provinces.

La ville tient un peu du décor de western américain. De basses maisons en lattes de bois peintes et décolorées bordent les larges rues rectilignes. Un courant d'air fait virevolter la poussière rouge de la terre battue. Dans le centre-ville, quelques carrioles battent le pavé. Une statue en bronze de Christophe Colomb dominant une mappemonde fut la première d'une longue série érigée en son honneur en Amérique latine. Une autre curiosité, le marché Molokoff et son dôme métallique de dix-sept mètres construit aux États-Unis.

Infos pratiques

Où dormir

• *À Varadero,* vous n'aurez que l'embarras du choix puisque la presqu'île est avant tout un socle pour complexes hôteliers. Sachez néanmoins qu'à la haute saison, il est plus raisonnable de réserver. La plupart des hôtels proposent des formules tout compris. La gamme s'étale du trois au cinq-étoiles. À côté des bâtiments bétonnés et ingrats de certaines enseignes, vous trouverez d'autres structures plus intégrées au paysage, avec jardins luxuriants et piscines ondulantes. Renseignez-vous auprès de votre agence de voyage pour faire votre choix qui s'établira en fonction de vos critères – sports, enfants, soirées, tables…

• *À Jibacoa*

- Superclubs Breezes Jibacoa. Avec la montagne en toile de fond et la mer à l'horizon, cet hôtel est un lieu idéal pour des vacances tranquilles mais pas pour autant inactives (sports nautiques à profusion). Attention, club réservé aux plus de 16 ans.

• *À Varadero*

- Paradisus. Ce cinq-étoiles flambant neuf s'étend au bord d'une des plus belles plages de Varadero. Son architecture très caribéenne et sa décoration d'inspiration méridionale en font un refuge idéal pour un séjour de rêve. L'établissement mérite bien son nom.

- Tryp Península. Ouvert à l'été 2001, cet hôtel-club quatre-étoiles est également une réussite architecturale. Des bâtiments de dimension modeste (deux ou trois étages), de petites notes de couleurs gaies, quelques réminiscences de Nouvelle-Angleterre (colonnades), et le tour est joué. Pour les enfants, c'est le bonheur assuré. Et, par effet de ricochet, pour les parents aussi.

- Village Club Med. Un tout nouveau village haut de gamme (cinq tridents) et un éventail d'activités. Pour les G.M.

Où manger

• *À Varadero,* il y a sur la plage quelques paillotes où l'on peut grignoter langoustes ou salades sur le pouce. Une solution idéale et pas trop onéreuse. Dans la station, on peut aussi trouver des restaurants plus chics dont Las Américas, dans la villa homonyme (aussi appelée maison Xanadu, au cadre somptueux). El Bodegon Criollo, av. Playa y Calle 40, est une reproduction de la fameuse *Bodeguita del Medio* qui propose des plats à des prix raisonnables et un service en terrasse.

Les provinces du centre-ouest

La péninsule de Zapata

Pour arriver à Guamá (nom d'un chef indien rebelle), vous suivrez une route monotone traversant des cannaies à perte de vue. Parfois émerge une tache grise ; c'est un lycée secondaire où les jeunes, tous pensionnaires, partagent leur temps entre enseignement classique et travaux des champs. Ces temps-ci, l'accent est de plus en plus mis sur l'autosuffisance alimentaire et les cantines scolaires sont fières de pouvoir compter sur la production des élèves. De-ci de-là, une agglomération et ses rites habituels vous sortent de la torpeur : des écoliers en uniforme à la sortie de l'école, des jeunes jouant aux échecs, des personnes âgées confortablement assises au fond d'un fauteuil à bascule, un photographe ambulant et sa mallette... Dans un village perdu, un paysan cultive son bout de jardin, des femmes devant la *bodega* vide discutent tranquillement.

Maintenant, les cannaies ont laissé le champ libre aux plantations d'agrumiers. Plus loin, la nature reprend ses droits. Palmiers, cactus et fleurs s'épanouissent. Nous pénétrons dans le parc national de la péninsule de Zapata ou Ciénaga de Zapata (nom donné en référence à sa forme ; *zapata* signifie chaussure en espagnol), ancienne zone marécageuse envahie par les ronces, les crocodiles et les moustiques, reconvertie en partie en attraction touristique.

Guamá

Il doit bien faire 35 °C à l'ombre et l'ombre se fait rare.

Première étape, l'élevage officiel des crocodiles, le *Criadero de Cocodrilos* à Boca de Guamá. Des allées proprettes vous emmènent d'un enclos à un autre, où les sauriens sont regroupés selon leur poids et

Pêche à l'épervier à Guamá.

âge. Dans une vaste et trouble mare sont gardés les plus gros spécimens. Immobiles, ils sont à peine visibles tellement leur peau se fond avec la végétation alentour. Pourtant, dès que vous lancez à l'eau un bout de carton ou une boîte de coca, plusieurs crocodiles approchent et se précipitent sur l'aliment sonore mais décevant. Le clou de la visite est le spectacle de dressage donné par le Crocodile Dundee du coin, un certain Pedro Chacón au chapeau de paille. Cela fait plus de trente ans qu'il traîne ses bottes dans les parages, entretenant les canaux, réparant les passerelles, pêchant les crocodiles adultes, élevant leurs bébés. À l'aide d'un lasso, il attrape son protégé, place sa tête entre ses dents, le porte à bout de bras et vous propose même de poser ces quelques féroces kilos sur vos épaules. La gueule est certes solidement ficelée, mais la sensation est des plus frissonnantes !

De l'autre côté de la route, une ferme d'élevage normalement fermée au public. Fini le décor de cinéma, ici, les crocodiles sont emprisonnés dans des cages grillagées. Des milliers de petits sauriens grouillent sur le sol. L'endroit est pestilentiel.

La lagune du Trésor

De La Boca, des barques à fond plat font la navette avec le village des Indiens et l'hôtel *Guamá*. Ne ratez cette virée sous aucun prétexte. Une divine brise d'air frais vous rafraîchira, et le voyage est enchanteur. Le canal frangé de filaos, de palétuviers et de bambous lisse ses eaux verdoyantes que seul le sillage du bateau dérangera. Si vous coupez le moteur, vous pourrez entendre les chants des *caos,* petits oiseaux noirs à la gorge tachetée d'or, qui se répondent les uns les autres. Cet écosystème original abrite une faune et une flore intéressantes, notamment des reptiles et des mammifères marins comme le lamantin. Tout là-bas, l'horizon se dégage… à l'horizontale ; les seize kilomètres carrés de lagune s'étendent devant vous dans un calme limpide. Le nom donné à ce lac,

Animation pour les visiteurs de l'élevage des crocodiles de Boca de Guamá.

lagune du Trésor, vient de la légende selon laquelle les Indiens auraient jeté leurs trésors dans ses eaux pour les soustraire à la cupidité espagnole. Quelques pêcheurs jettent leur filet. Au bout, nous apercevons la reconstitution d'un village indigène. Quelques huttes et les sculptures de Rita Longa illustrent la vie quotidienne des Siboneys et des Hatabeys.

Si le cadre vous inspire et que votre peau est résistante aux moustiques, vous pourrez déguster une fricassée de crocodile sous l'immense dôme de paille du restaurant et passer une nuit dans une chambre sur pilotis de la Villa Guamá.

Doubles pages suivantes : la lagune de Zapata et son village précolombien ; les jeunes caïmans de l'élevage et une "tartarinade" pour touristes.

Le sublime palais del Valle à Cienfuegos et ses décorations extérieures de style mauresque andalou.

La baie des Cochons

Le long de la baie des Cochons s'étend un littoral peuplé d'oiseaux aquatiques et d'espèces migratrices, notamment du côté de la réserve des Salinas de Brito. On recense ici une soixantaine d'espèces différentes dont certaines endémiques. Les ornithologues en herbe préféreront se rendre sur place entre novembre et mai, mois de transhumance volatile. Les plongeurs amateurs pourront s'aventurer dans les fonds poissonneux de la Cueva de los Peces et les multiples grottes sous-marines. La péninsule de Zapata est aussi un champ de bataille historique, puisque c'est là que, en avril 1961, débarquent les commandos cubains anticastristes. La défense aérienne cubaine insuffisante ne permet pas d'empêcher l'établissement de deux têtes de pont, l'une à Playa Larga, l'autre à Playa Girón. Une centaine de paysans parvient néanmoins à maîtriser les assaillants en attendant les renforts de l'armée et les tanks T-34. L'émotion est à son comble dans l'archipel entier. Trois jours plus tard, la victoire cubaine est totale. L'événement aura force de symbole dans toute l'Amérique latine et dans les pays du tiers-monde. Les attaquants sont faits prisonniers et seront échangés plus d'un an après contre des produits alimentaires et des médicaments.

Sur la route qui longe la baie, des monuments dédiés aux morts tombés au combat forment un chemin de croix révolutionnaire. Entre les feuilles des raisiniers et des palétuviers, on aperçoit par intermittence le bleu profond de la mer. Le bout du chemin approche. Une vaste avenue plantée de lauriers-roses et de palmiers et un mur de béton gravé de noms indiquent l'entrée à Playa Girón. Sur la place, un avion de chasse monomoteur britannique devance un musée local – le musée du Débarquement – où sont retracés les grands épisodes de la nation cubaine. En arrière-plan, des ruelles défraîchies, des cases un peu branlantes…

Au coucher de soleil, les pêcheurs viennent à vélo sur la jetée. D'un large geste du bras, ils lancent leur filet dans les flots. Les vagues féroces frappent la digue, la lueur argentée du crépuscule s'éclaire des mille et une gouttelettes des

La décoration du palais est tantôt baroque, tantôt napoléonienne.

embruns. L'air est bon. Nous sommes à deux cent douze kilomètres de La Havane.

Infos pratiques

Où dormir

• *À Finca Fiesta Campesinas*, à quelques kilomètres de Central Australia et de la péninsule, en pleine cambrousse, six cahutes de bois et un restaurant – qui mérite une halte – ont été ouverts juste à côté d'un petit zoo.

Au milieu de la Laguna del Tesoro, la Villa Guamá ressemble à un décor de cinéma avec passerelle de cordes, cases sur pilotis et toits de palmes. Le lieu est vraiment exotique en diable. Rassurez-vous : à l'intérieur, vous trouverez la climatisation et une salle de bain. Gare aux moustiques.

• *À Playa Larga et Playa Girón,* l'ère soviétique a laissé des lignes de cases bétonnées dispersées en bordure de plage qui servirent en leur temps aux bureaucrates et apparatchiks. Réhabilités, ils accueillent aujourd'hui les touristes du monde libre.

Piscine et spectacles en soirée.

Cienfuegos, la fastueuse

Fondée en 1819, Cienfuegos fait partie de ces villes cubaines nées en plein épanouissement sucrier de la colonie. Large échancrure sur la côte au vent, le site de Cienfuegos constitue un port idéal. Dès 1738, la couronne fait construire à l'entrée de la baie une forteresse, le Castillo de Jagua, pour protéger les habitants des villages alentour des incursions des pirates. En 1751, un premier moulin traite la canne à sucre. En 1804, des travaux d'agrandissement du port sont entrepris, mais la ville à proprement parler n'existe pas. Sa fondation sera, en fait, l'œuvre d'un immigrant français venu de Louisiane, Louis de Clouet, qui a l'idée d'installer dans la future ville de Cienfuegos des familles françaises bordelaises. Le gouverneur espagnol Cortés accepte, les frais de transport d'établissement de la petite communauté sont pris en charge par le gouvernement. Un ouragan détruit entièrement la nouvelle bourgade en 1825, elle est reconstruite en 1831 et prospère rapidement grâce à un commerce actif. Elle n'est baptisée de son nom actuel qu'en 1921 en hommage à son précédent maire.

L'urbanisme de Cienfuegos, avec son plan tiré au cordeau, ses larges avenues néoclassiques, est marqué très nettement par les origines françaises de ses notables. Son élégant *prado* (Calle 37), ancien théâtre de la discrimination raciale, sa place principale bordée d'édifices publics fraîchement repeints et son kiosque à musique, son cimetière où un milliardaire du coin fit construire une copie du Parthénon en l'honneur de son fils, ses églises et temples, ses vastes villas respirent encore un air de prospérité bourgeoise.

Troisième port cubain et centre industriel actif aux temps bénis de la coopération socialiste, Cienfuegos n'échappe pourtant pas à l'austérité ambiante. Son port s'ennuie, sa centrale nucléaire n'est pas achevée, ses entrepôts sont vides, sa cimenterie tourne au ralenti.

Le Parque Martí est le cœur historique de la cité. Ce quadrilatère ombragé est encadré par la cathédrale néoclassique, l'ancien collège San Lorenzo, l'élégant théâtre Tómas Terry (visites en journée) et le Palacio de Ferrer. Ce palais où séjourna Caruso lorsqu'il se produisit sur la scène voisine a été transformé en maison de la Culture. On peut y faire un tour pour admirer ses sols pavés de marbre et ses murs couverts de céramique. Il faut se promener sur le Prado qui, une fois ouvert directement sur la baie, est ici appelé Malecón. Tout au bout, la Punta Gorda aligne ses bourgeoises bâtisses auréolées de jardins luxuriants. Folie fin XIXe d'un richissime Catalan, le Palacio de Valle est située à l'extrémité de Punta Gorda, étroite langue de terre s'avançant dans la baie. Tenant à la fois de l'architecture vénitienne et *mudejar,* le palais fut construit en deux étapes. La partie face à la mer de style gothique date de 1890, la partie du côté de l'hôtel *Jagua* remonte à 1917 et est directement inspirée de l'Alhambra de Grenade. Les salles sont abracadabrantes, tantôt néo-baroques, tantôt napoléoniennes. Tout en haut, une terrasse où vous pourrez prendre un verre offre une vue dégagée sur la baie.

Le jardin botanique

À une trentaine de minutes sur la route de Trinidad, le jardin botanique Soledad, créé en 1852 par la famille Atkins, puis administré par l'institut Harvard jusqu'en 1961, présente plus de deux mille espèces végétales tropicales ou subtropicales sur quatre-vingt-douze hectares. Vous y verrez notamment des espèces indigènes comme le *Redia baristata* dont les infusions de feuilles soulagent les asthmatiques, le capotier cubain important dans les rites afro-cubains, le palmier-liège, fossile de Cuba, le *Ficus benjamina,* etc. Si vous parlez l'espagnol, n'hésitez pas à faire la visite avec un guide. En effet, très peu d'essences sont identifiées par des panonceaux.

Infos pratiques

Où dormir
- La Union. Entièrement rénové, cet hôtel quatre-étoiles de style colonial donne sur la place centrale, le Parque José Martí.

Piscine, jacuzzi, sauna et salle de sport.
- Hôtel Jagua. Ce complexe sans charme des années 1960 a été récemment rénové. Son mérite tient à sa situation sur la Punta Gorda.
- Pasacaballos. Situé à une vingtaine de kilomètres de Cienfuegos de l'autre côté de la baie, ce vaste hôtel moderne est une halte agréable dans les environs.

Où manger
- Palacio de Valle. Le décor vaut l'addition !
- Coppelia, sur le Prado au niveau de l'Avenida 52. L'incontournable Bertillon cubain.

Le tocororo, *un pic dont le plumage porte les couleurs du drapeau cubain, est pour cela devenu l'oiseau national.*

Comme partout en Amérique centrale, la banane est aussi cultivée à Cuba, pour la consommation locale seulement.

Santa Clara, à la gloire du Che

À une cinquantaine de kilomètres de Cienfuegos, à l'intérieur des terres, Santa Clara est la capitale de la province de Villa Clara. La ville, fondée à la fin du XVIIe siècle par des colons de San Juan de Remedios fuyant les pirates, est surtout connue pour ses faits d'armes à la révolution. C'est ici, en effet, que le Che organisa un sabotage contre un train blindé rempli de munitions et de soldats que Batista envoyait en renfort à Santiago de Cuba. Cette action menée avec brio le 28 décembre 1958 (dix-huit combattants forcèrent, seuls, un détachement de quatre cents hommes à se rendre en moins de deux heures) marqua une avancée décisive des castristes. Aujourd'hui, les wagons de ce fameux convoi sont exposés au *Monumento a la Toma del Tren Blindado*. Les hommages à la mémoire du Che et de son embuscade décorent d'ailleurs la ville. Un monument a été érigé ainsi au sommet de la colline (magnifique vue sur Santa Clara) où étaient tapis les attaquants ; une énorme statue en bronze du Che, œuvre du sculpteur José Delarra de 1988, trône magistralement au milieu de la plaza de la Revolucion ; à ses pieds, un musée à la gloire du révolutionnaire ; à quelques mètres de là, les trente-huit dalles de marbre du mausolée des Martyrs de la révolution (les compagnons tombés en Bolivie avec le Che) sont cernées par une végétation

Doubles pages suivantes : Le sable blanc et les eaux turquoise de Playa Ancón.

Un bohío dans la campagne.

luxuriante censée évoquer la jungle équatoriale. Le rapatriement de la dépouille du héros en 1997 donna lieu à une manifestation d'une ferveur et d'une ampleur exceptionnelles. Après ce pèlerinage révolutionnaire, vous pourrez aussi découvrir les quelques édifices et promenades que compte la cité, comme le Parque Leoncio Vidal et ses inévitables kiosques à musiques et théâtre. Ce dernier abrite désormais un festival de jazz de qualité.

Sur la côte atlantique, Remedios est une petite perle cubaine, une Trinidad miniature où il fait bon flâner le long des façades roses, de places en églises avant d'aller prendre un verre au *El Louvre* sur le Parque Martí. De Caibarien, à huit kilomètres de là, part une route jetée au-dessus des flots, un formidable ruban de quarante-huit kilomètres de long déroulant son asphalte contre vents et marées jusqu'à l'archipel de Santa María. Un voyage de rêve suspendu entre ciel et mer. Tout au bout, après une cinquantaine de viaducs, un *cayo* quasi vierge, proche du sublime. Pélicans et flamants roses à profusion, vaguelettes turquoise en fond sonore, soleil imperturbable…

Infos pratiques

Où dormir

- **Hotel Los Caneyes.** Ce trois-étoiles a choisi une architecture très "vacances" avec ses huttes éparpillées au bord d'une grande piscine à l'orée de la ville de Santa Clara. Un bon compromis entre la ville et le farniente.
- **Hôtel Mascotte**, Parque Martí, Remedios. Idéalement situé, cet hôtel du XIXᵉ siècle entièrement restauré offre dix-sept chambres… de hauteur démesurée !
- **Villa Las Brujas**, Cayo Santa María. Une vingtaine de bungalows de deux personnes au bord d'une falaise surplombant le lagon. Un restaurant panoramique. Et rien d'autre que la nature tout autour. À se damner !
- **Barco San Pasquale**, Cayo Santa María. Le tourisme étant la grande affaire cubaine, tout peut un jour être reconverti en hôtel. La preuve ? Cet ancien pétrolier échoué loue aujourd'hui ses dix cabines avec dîner dans le carré et promenade le long de ses bastingages. Pour une nuit insolite inoubliable. Réservation à l'hôtel *Villa Las Brujas*.
- **Sol Club**, Cayo Santa María. Un hôtel-club classique au bord d'une plage de dix kilomètres de long.

La sierra del Escambray

Pour rejoindre Trinidad de Cienfuegos, deux routes sont possibles. Celle de l'intérieur offre la possibilité de découvrir les vertes collines de Guamuhaya (du nom des Indiens de la région). La plaine s'étale encore à vos pieds, tandis qu'à l'horizon se profilent les cimes du massif de l'Escambray. De loin en loin, des ranchs indiquent que la région est vouée à l'élevage. Bientôt, la route commence sa longue grimpée à flanc de montagne. De lacet en lacet, la végétation varie, devient de plus en plus luxuriante : tulipiers, eucalyptus, pins, palmiers, mariposas…

Nous arrivons finalement à Topes de Collantes, où un colossal sanatorium fut construit entre 1936 et 1954. La tuberculose a été depuis longtemps éradiquée, mais des curistes viennent encore ici respirer le bon air. La vue sur la vallée de Saint-Louis est inoubliable. De là, de nombreuses randonnées dans la forêt sont possibles. L'une d'elle vous emmènera à la cascade Salto de Caburni, haute de soixante-deux mètres. Vous pourrez même piquer une tête dans le bassin. Une autre aboutit à une grotte et rivière souterraine, la Batata.

Nous poursuivons notre chemin qui tournicote de plus en plus. Une buvette installée sur le bas-côté offre un beau point de vue au voyageur assoiffé. En bas, au milieu des cannaies, Trinidad est lovée dans l'écrin émeraude de la vallée.

Vue sur la vieille ville de Trinidad depuis le campanile.

Trinidad

Le coup de cœur est immédiat. Qui pourrait résister au charme doré de cette ville où l'histoire, sans doute prisonnière des fenêtres grillagées, semble avoir suspendu son cours ? Véritable joyau colonial, Trinidad étire paisiblement sa toile de basses ruelles pavées, indifférente aux règles des *quadras,* à l'invasion du bitume et à la verticalisation urbaine. Inscrite au patrimoine mondial par l'Unesco, la ville jouit d'un ambitieux programme de restauration que les Cubains sont fiers de mener. En 1514, Diego Velázquez, conquistador chargé de soumettre l'île, achève sa "pacification". Ayant découvert des mines d'or dans la région, il fonde la ville de Trinidad cette année-là. Les aborigènes sont enrôlés pour exploiter les filons, et bientôt des cargaisons sont envoyées à la Métropole. Mais la ruée vers l'or cubaine fut de courte durée. Les réserves sont vite épuisées. Les fabuleux trésors des civilisations inca et maya au Mexique mettent un terme à la vocation aurifère de l'île. C'est de Trinidad que partent les expéditions de Francisco Hernández de Cordova en 1517 et de Hernán Cortés en 1518, montrant la voie aux générations de corsaires et pirates.

Très enclavée, Trinidad se développe autour du tabac, de l'élevage et de la contrebande durant les XVIᵉ et XVIIᵉ siècles. Elle exploite également sa forêt de bois précieux. Son port de Casilda participe au trafic d'esclaves.

Le soulèvement à Haïti apporte du sang neuf à l'économie locale. Des planteurs français fuyant les soldats de Toussaint Louverture trouvent refuge dans l'île voisine et s'installent notamment à Trinidad. La vallée de San Luis se transforme alors en une immense cannaie que se partagent quelques riches familles. Les esclaves travaillent à corps perdu sous la surveillance d'un régisseur posté en haut de sa tour de garde. Dans certains *ingenios* (plantations), les enfants sont séparés de leur mère et élevés dans un *criadero de criollos*. Leur misère est aussi grande que la richesse de leur maître. Las de l'isolement de leur *quinta,* les planteurs se font construire de nobles demeures en ville et, pour s'assurer une place au royaume des cieux, ils commanditent des églises. C'est de cette époque que datent les principaux monuments de Trinidad.

La libéralisation du commerce sucrier dynamise encore un peu plus les planteurs. Mais, le développement de Cienfuegos concurrence Casilda. Les révoltes d'esclaves se multiplient. L'abrogation de l'esclavage en 1886 signe la fin d'une époque. Trinidad replonge alors dans une douce torpeur que rien, désormais, ne semble troubler, hormis quelques cars de touristes. Pour prendre la mesure de cette ville hors norme, le mieux est d'imiter le grand explorateur allemand Alexander von Humboldt qui arpenta ses rues pendant quarante-huit heures. Vous y verrez des fenêtres-volières, des porches en bois peint, des balustrades bleu tendre, des frises murales toutes fleuries, des patios ombragés, des charrettes tirées par un vieux cheval fatigué, des places ensoleillées, des vendeuses de macramé…

Puis, entreprenez une visite en bonne et due forme en commençant par la plaza Mayor. Au centre, quatre pelouses encadrées de palissades blanches et quelques palmiers royaux. Tout autour, des bâtiments de plain-pied ou d'un étage surmontés de toits de tuiles. L'unité des lieux est étonnante. Vous pourrez visiter là le musée Romantique installé dans l'ancien palais Brunet. La demeure fut édifiée en deux temps : le rez-de-chaussée en 1740 et le premier étage en 1808. Aujourd'hui, ses pièces, à l'abri de *mediopuntos* et de persiennes, gardent le cachet de sa vie passée. Toutes ses frises ont été admirablement restaurées, le mobilier en acajou sent encore la cire fraîche, le plafond de cèdre du salon est un admirable ouvrage de menuiserie, la baignoire a été creusée dans un bloc de marbre de Carrare, la cuisine est tapissée d'*azulejos*. Chaque salle est l'occasion de s'émerveiller encore un peu plus devant les bibelots à profusion, les lustres français, la porcelaine Wedgwood, la boîte à couture en papier mâché…

Juste à côté, l'église de la Très-Sainte-Trinité, la plus grande de l'île, aux couleurs ocre, fut édifiée tout au long du XIXe siècle sans jamais être vraiment terminée. Le musée d'Archéologie Guamuhaya, de l'autre côté de la place, rassemble une collection hétéroclite de vestiges précolombiens et de spécimens empaillés de la faune locale. Le musée d'Architecture a lui aussi trouvé refuge dans un palais colonial de la plaza Mayor. Ses salons ont d'ailleurs servi de décor au feuilleton télévisé *Terre Indigo*. Si le cadre est magnifique, l'exposition est également très enrichissante puisqu'elle nous permet de comprendre les originalités de l'architecture cubaine. Pour parachever le tour de cette place décidément très touristique, la Casa Ortíz (du nom d'un peintre décédé en 1978) est une galerie d'art où sont accrochées les œuvres

La villa coloniale de Miguel Suárez del Villar y Mauri.

d'artistes locaux qui jouissent d'une bonne réputation.
Non loin de là, le musée de la Lutte contre les Bandits (entendez les contre-révolutionnaires) est en fait une institution de propagande à la gloire du Che, de la révolution et de Castro. Installé dans l'ancien couvent Saint-François d'Assise, il vaut surtout une visite pour la superbe vue que donne son campanile.
L'ermitage de la Popa, à l'orée de la ville, est la plus vieille église de la région. Elle fut bâtie au XVIIe siècle.

Ci-dessous et à droite : le musée Romantique. Doubles pages suivantes : Trinidad au pied de son ancien couvent San Francisco, aujourd'hui musée de la Lutte contre les Bandits ; la plaza Mayor vue depuis l'église de la Santísima Trinidad ; une petite rue tranquille, et un regard volé sur les vieux toits et la sierra del Escambray.

Infos pratiques

Se diriger
Comme dans d'autres villes cubaines, les noms des rues sont versatiles. On emploie ici indifféremment les anciennes appellations ou les nouvelles, ce qui complique un peu le jeu de piste ! Les trois grandes places sont la Plaza Mayor vers le nord, le Parque Céspedes au sud et la Plaza Santa Ana à l'ouest.

Où dormir
Vous trouverez facilement à vous loger chez l'habitant. Les chambres d'hôtes officielles sont signalées par un panonceau portant deux chevrons bleus. Grâce à ce système, vous pourrez même dormir sur la Plaza Mayor. Au numéro 33, le conservateur du musée Romantique, Carlos Stolongo Pena, vous propose effectivement deux chambres. Accueil érudit et cadre patricien. D'autres palais éparpillés dans la ville ouvrent leurs portes et leurs patios aux visiteurs de passage le temps d'une ou plusieurs nuits. Repérez donc les lieux avant de vous décider.
- **Hotel Las Cuevas**, finca Santa Ana. Les bungalows à flanc de colline de cet hôtel moderne et confortable nouvellement restauré surplombent la ville.
- **Hôtel Ancón.** À 15 km de Trinidad et 20 km de la Sierra del Escambray, ce complexe balnéaire de 279 chambres a l'avantage de sa situation avec la mer à ses pieds.
- **Villa Guajimico.** À mi-chemin entre Cienfuegos et Trinidad, ce petit village de cinquante et un bungalows s'étend au bord d'une crique sauvage aux fonds merveilleux. Avis aux plongeurs !
- **Trinidad del Mar.** Sur la plage d'Ancón, c'est un des derniers-nés de l'hôtellerie cubaine. Hôtel club tout compris de quatre étoiles.

Où manger et boire un verre
Trinidad étant devenue une capitale touristique, les habitants ont vite compris l'intérêt de convertir leurs fastueuses salles à manger en tables d'hôtes. Reçus donc à domicile contre une poignée de dollars, vous goûterez à la cuisine d'une maîtresse de maison tout en découvrant l'intimité d'un foyer. La concurrence étant rude, vous serez certainement accosté par des rabatteurs. La plupart du temps, vous ne serez pas déçus. Attention, les restaurants à Trinidad sont souvent fermés le soir, le principal flux touristique étant concentré dans la journée (itinéraires des tour-opérateurs en car obligent).
- **El Jigue**, rendez-vous sur la place de la Jigüe (nom de l'arbre planté en commémoration de la première messe célébrée à Trinidad), est un restaurant au cadre délicieusement colonial. Carte abordable.
- **Sol y Son**, Simón Bolívar n° 283. Tenu par un architecte – à Cuba, tous les métiers mènent au tourisme –, ce restaurant prend ses aises dans un bel hôtel particulier du XIXe siècle.
- **La Canchanchara**, calle Ruben Martínez Villena, est un bar très prisé surtout

Marchés traditionnels à Trinidad.

en début d'après-midi lorsque le soleil darde ses rayons les plus vigoureux. La pergola fait alors terrasse comble. On peut aussi préférer la Casa de la Musica, derrière la Plaza Mayor, où l'on peut siroter tranquillement un *mojito* tout en écoutant les flonflons cubains.
- La Torre Iznaga, dans la vallée de San-Luis. L'ancienne demeure du maître a été convertie en un superbe restaurant. Encore une fois, le lieu, magique, servit de décor à *Terre Indigo*. Ce serait donc dommage de ne pas en profiter !

Où sortir
- La Casa del Trova, plaza de Segante, est LE lieu où se retrouve la jeunesse locale la nuit venue (ouvert à partir de 21 heures). Ambiance garantie. Y'a d'la salsa dans l'air...
Discothèque Las Cuevas, finca Santa Ana. Un peu à l'écart du centre, cette boîte de nuit a la particularité d'être située dans une grotte. L'occasion de flirter façon troglodyte !

La vallée de Saint-Louis

Entre Trinidad et les flancs de l'Escambray, une vaste vallée couverte de cannaies fut longtemps la source de richesse des aristocrates du sucre. Le paysage est superbe. En 1827, cinquante-six unités sucrières produisaient quatre-vingt mille tonnes par an. Trois domaines demeurent aujourd'hui presque intacts, ceux de Manacas-Iznaga, de San Isodoro et de Palmarito, ainsi que quelques villages et cimetières d'esclaves. La tour Iznaga, haute de quarante-cinq mètres, avec à ses pieds la maison de maîtres et ses cases, est le symbole d'une époque révolue. Appelée aussi valle de los Ingenios, l'endroit a été classé au patrimoine mondial en 1988.

La tour du domaine Manacas-Iznaga.

***Doubles pages suivantes :** flânerie dans les rues de Trinidad ; la vallée de San Luis, ou valle de los Ingenios, inscrite au patrimoine de l'humanité par l'Unesco. Au fond, la sierra de l'Escambray.*

Le centre, pays des ranchs et des champs

Sancti Spiritus

De Trinidad à Santiago de Cuba, la route est longue et ponctuée de quelques bourgades et villes plus ou moins intéressantes. Sancti Spiritus, avec sa palette de façades pastel, rappelle un peu Trinidad, les touristes en moins. Elle fut d'ailleurs fondée par Diego Velázquez au tout début de la colonisation espagnole, dès 1514, avant de trouver son emplacement actuel au bord du río Yayabo, sept ans plus tard. La ville compta parmi ses habitants de nombreux héros des guerres d'indépendance dont les maisons natales ont été transformées en petit musée (Casa Natal de Serafín Sánchez Valdivia, de Honorato del Castillo, de Manuel Mendigutia). Son petit centre historique, restauré récemment, mérite la visite. L'église paroissiale sur la plaza Honorato date de 1680 même si sa tour et sa coupole ont été construites postérieurement (aux XVIIIe et XIXe siècle). Juste à côté, ne manquez surtout pas le musée d'Art colonial, installé dans l'ancien palais de la famille Iznaga. En déambulant dans les ruelles, vous aboutirez souvent à la rivière Yayabo qui encercle pratiquement la cité. À côté du Puento Yayabo, un pont de briques qui enjambe la rivière, se trouve l'ancien Teatro Principal. À l'épicentre, le Parque Serafín Sánchez est entouré d'élégantes demeures coloniales. À la lisière de la capitale provinciale se trouve le plus grand lac artificiel cubain, Embalse Zaza, énorme réserve d'eau douce surtout fréquentée par les pêcheurs.

Camagüey

Au-delà d'une plaine à perte de vue, vous pourrez faire un nouvel arrêt à Camagüey, troisième ville du pays, capitale d'une région dédiée à l'agriculture et à l'élevage bovin. Fondé en 1514, le campement était alors implanté sur la côte nord à l'emplacement de l'actuelle Nuevitas. Deux ans plus tard, les incursions répétées des pirates poussèrent les habitants à s'enfoncer un peu plus dans les terres. Finalement en 1528, les colons se déplacèrent encore une fois et choisirent de s'installer sur le site d'un village indien répondant à l'appellation de Camagüey, au plein milieu de l'île. Mais cette précaution n'empêcha pas les razzias des boucaniers attirés par le bétail abondant et l'aisance des citadins. En effet, la région avait trouvé très vite sa vocation d'élevage, même si la culture de la canne à sucre s'était développée parallèlement.

Camagüey est réputée dans le pays pour sa tendance naturelle à l'insoumission. Malgré la sentence, la peine de mort par pendaison, les Créoles se soulevèrent contre l'autorité espagnole à plusieurs reprises et notamment en 1826 et 1851. Lors des guerres d'indépendance, Camagüey fournit un important contin-

Camagüey.

Camagüey.

gent de soldats, dont un des héros de la première guerre d'indépendance, le général Ignacio Agramonte Loynaz. Enfin, en 1958, elle fut une des premières villes à basculer du côté de la révolution, après l'arrivée triomphante de Cienfuegos et du Che.

Le centre-ville, avec ses ruelles tortueuses et pavées et ses nombreuses petites places, se visite à pied. Un petit air de Trinidad semble flâner le long des façades pastel, des balcons à colonnades, des grilles-volières aux fenêtres. Un particularisme retient pourtant l'attention : ces immenses jarres de terre rouge. Les *tinajones* sont la spécialité du pays ; ils furent fabriqués dès le XVIe siècle par des émigrés catalans pour capter et conserver la précieuse eau de pluie. Vous pourrez en voir de beaux spécimens dans la cour de la maison natale du général Agramonte.

Allez sur l'ancienne place d'Armes, rebaptisée parc Ignacio-Agramonte, où se dresse une cathédrale au toit mauresque entièrement restauré. La place de San Juan de Dios est, elle aussi, très pittoresque avec ses demeures coloniales, son église du XVIIIe siècle et l'ancien hôpital San Juan de Dios du XVIIe siècle. Ce dernier a d'ailleurs été transformé en petit musée historique. Entrez-y rien que pour son cloître. Peut-être aurez-vous la chance d'y passer un jour de répétition de l'orchestre local ? Enfin, ne manquez pas de visiter la maison natale du général Agramonte, au parfum très XIXe siècle. Le musée d'Histoire installé dans une ancienne caserne est un pêle-mêle interdisciplinaire avec des salles consacrées à la faune et flore indigènes, aux meubles et objets décoratifs du XIXe siècle, à la peinture… De l'autre côté du río San Pedro s'étend un quartier plus récent. Un grand parc accueille grands et petits sous d'immenses arbres. Une statue de bronze, à l'entrée du jardin, a été dressée en hommage aux deux aviateurs espagnols ayant réussi en 1933 le premier vol transatlantique reliant Séville à Camagüey.

Infos pratiques

Où dormir
- Gran Hotel, Calle Maceo. La chaîne Islazul a ouvert dans une villa néo-coloniale classique une petite structure de soixante-douze chambres implantée en plein centre-ville. La terrasse offre une belle vue sur la cité.

Où manger
La rue des restaurants est Calle Republica. On peut boire un verre dans le patio intérieur de l'hôtel *Colón*.

A droite : sur tout le territoire cubain, les vieilles américaines vivent un sursis de près d'un demi-siècle !
Ci-dessous : aux environs de Camagüey, l'agriculture se pratique encore avec des moyens antiques.

227

Les provinces du centre-est

Au-delà de Camagüey, le paysage est plus vallonné. Les ranchs de l'époque castriste sont disséminés dans la campagne. Des vaches paissent à l'ombre des palmiers, des zébus se prélassent dans une mare boueuse. L'ambiance est bucolique. Droit devant nous, de nouveau la plaine et la route ponctuée de poteaux électriques qui s'échappe à l'horizon…

À partir de Las Tunas, l'environnement change sensiblement. Entre les hectares de canne à sucre, les arbres se font plus rares et les cactus plus nombreux. Au loin, la sierra Maestra se noie dans les nuages.

Holguín, la portuaire et l'industrieuse

Holguín est une grosse agglomération dépourvue d'intérêt pour le touriste qui lui préférera avec raison les plages de Guardalavaca. Gibara s'enorgueillit d'être le premier endroit où Christophe Colomb foula le sol cubain. Avant d'aller vous faire dorer sur le sable poudreux de Playa Esmeralda (connue aussi sous le nom d'Estero Ciego), vous pourrez y faire une visite de courtoisie. Ce petit port nonchalant fondé en 1827 possède quelques monuments autour de sa place centrale et un joli musée d'Art. Guardalavaca est une station balnéaire montée de toutes pièces, une sorte de Varadero bis. Vous y trouverez une pléthore d'hôtels-clubs alignés le long de plages idylliques, de criques transparentes, d'anses divines. À la marina de Bahía de Naranjo, des excursions en bateau permettent d'aller visiter un aquarium et un delfinarium. Vous aurez alors l'occasion de plonger avec nos meilleurs amis marins. Les plongeurs se régaleront dans les parages.

Les amateurs d'archéologie devront impérativement se rendre dans la nécropole amérindienne de Chorro de Maita. Des fouilles récentes ont permis d'exhumer une centaine de corps et les objets funéraires les accompagnant. Ces squelettes, tous indiens sauf un espagnol (celui aux bras croisés) datent de la fin du XVe et du début du XVIe siècle. Le lieu, ressuscité d'entre les morts avec respect, est très bien mis en valeur. Pour poursuivre cette remontée vers le passé précolombien, rendez-vous au musée indo-cubain de Banes. La bourgade, très tranquille, dont le nom vient de l'ancienne tribu locale, *bani,* est en fait au cœur d'une zone à haute densité archéologique. Une centaine de programmes d'excavation sont en cours ! Dans le

Paysan et ses bœufs vers Holguín.

Double page précédente et page de gauche : champs de canne à sucre à l'époque de la récolte. Bien que la machette règne encore en maître, quelques champs sont récoltés mécaniquement.

musée, on peut admirer différents ustensiles, bijoux, statuettes et idoles aborigènes très intéressants.

Infos pratiques

Où dormir
- Melia Río de Oro. Une plage et trois adorables criques sont les atouts irrésistibles de cet hôtel-club de luxe. Décoration raffinée, jardin luxuriant.

Bayamo, patrie de l'hymne national

Avec ses quatre-vingt mille habitants, Bayamo est une ville à taille humaine où les habitants aiment se promener en fin d'après-midi. Mamans et enfants ont rendez-vous au jardin public où un vieux manège et quelques balançoires font le bonheur des chers petits, tandis que les retraités se retrouvent sur les bancs de la place de l'Hymne. Les jeunes gens regardent les jeunes filles passer. Des gamins jouent au ballon un peu à l'écart. L'ambiance est bon enfant.
Deuxième ville de Cuba par son ancienneté (1513), Bayamo réprima dans le sang la première révolte des esclaves. C'était en 1533 dans les mines aurifères de Jobabo. Mais, juste retour des choses, ce fut à Bayamo que naquit leur libérateur, un certain Carlos Manuel de Céspedes, deux cent quatre-vingt-six années plus tard.
Comme beaucoup de villes cubaines, Bayamo connut son heure de gloire. En 1604, un pirate français, Gilbert Giron, prit en otage l'unique évêque de la colonie, frère Juan de las Cabezas. Les habitants refusèrent de payer la rançon et organisèrent la libération de l'ecclésiastique. L'entreprise fut réussie et le criminel exécuté. L'étincelle de la résistance brillait toujours dans l'âme bayamaise, quand Céspedes proclama Bayamo capitale de la République en Armes en 1868. L'année suivante, cette petite flamme n'hésitera pas à embraser la cité plutôt que de la rendre aux soldats de Sa Majesté.
À Bayamo, vous pourrez faire un pèlerinage patriotique en visitant la maison natale du Père de la Patrie sur la vaste place de la Révolution, véritable centre névralgique de la ville.
À un pâté de maisons de là se trouve la place de l'Hymne où fut entonné pour la première fois ce qui allait devenir l'hymne national (composé par Manuel Muñoz Cedeno et écrit par l'indépendantiste Pedro "Perucho" Figueredo) devant la cathédrale San Salvador.
Les amateurs d'art religieux se réjouiront devant le retable baroque de la chapelle Dolores, ses Christ en croix et ses fresques.

Infos pratiques

Où dormir
- Hotel Royalton, entre la place de l'Hymne et celle de la Révolution, un très joli hôtel créé dans une ancienne demeure coloniale.

À faire
Rester un samedi soir pour vivre une fiesta de Cubania sur la place de la Révolution. Musique et cochon grillé.

La sierra Maestra

Retour sur une jolie route de campagne en partance pour Manzanillo. En chemin, nous croisons de nombreux villages paisibles, dont celui de Yara, où le chef indien Hatuey commença la résistance contre l'envahisseur espagnol. Des ríos serpentent au milieu des cannaies et rizière. Un petit groupe de jeunes gens s'éclabousse gaiement dans le lit d'une rivière. De loin en loin, des *granjas* aux murs chaulés, taches blanches sur un océan de verdure. Et puis, omniprésents, des terrains d'entraînement militaire avec leur parcours du combattant déserté. Autres visions répétitives, celles

A gauche : l'église de Bayamo.

Peinture révolutionnaire à la gloire des paysans cubains.

des immenses panneaux de propagande qui s'échelonnent le long du bitume. Malheureusement, la signalisation routière, elle, est beaucoup plus déficiente. À Cuba, il vous faudra souvent demander votre chemin.
Après avoir traversé Manzanillo, un morceau d'histoire vous attend. S'il ne reste plus grand-chose de La Demajagua, la vaste propriété sucrière de Carlos Manuel de Céspedes, un mur de pierre résiste à l'usure du temps : c'est celui qui supporte la cloche qui sonna le déclenchement de la première guerre d'indépendance le 10 octobre 1868. Séquence émotion. Un petit musée à l'entrée retrace l'histoire de la famille Céspedes.

Balades dans la sierra
La sierra Maestra est une cordillère barrant horizontalement le sud de l'île et s'étirant sur près de cent cinquante kilomètres. Patrimoine à haute valeur ajoutée autant historique qu'environnemental, elle est protégée avec soin. Le parc est donc gardé et peut être parfois fermé au public. Avant d'entreprendre une excur-

sion, mieux vaut au préalable se renseigner auprès de l'office du tourisme.
Pour se lancer à l'assaut de ses pentes abruptes et de sa végétation touffue, le meilleur point de départ est Santo Domingo où sont regroupés les guides de montagne. Vous pourrez rejoindre en voiture le point de vue d'Alto del Naranjo. Des sentiers pédestres partent de là. L'un, court mais physique (3 km), aboutit au quartier général de Fidel Castro, la *Comandancia de la Plata,* pendant les années héroïques de 1957 et 1958. L'inaccessibilité du site était une couverture idéale. Les cabanes disséminées dans la verdure, invisibles, servaient de camp de base aux *barbudos.* Il y avait des ateliers, une cantine, un hôpital et même un studio de radio (radio Rebelde) et, bien entendu, la *casita* de Fidel. L'autre sentier (14 km) mène au pic de Turquino. L'ascension est bien balisée mais finit par une pente très raide. Quatre kilomètres avant l'arrivée au sommet, les randonneurs peuvent s'arrêter au refuge Aguada del Joaquín et s'y reposer. En général, pour cette expédition, les guides comptent deux jours. C'est l'occasion de se familiariser avec la flore locale.

Infos pratiques

Où dormir
- Villa Santo Domingo, Santo Domingo. Vingt cabanons avec salle de bains et air conditionné.
Restaurant.

La route du littoral

Bientôt, nous arrivons à Media Luna, une mignonne bourgade très soignée, façon Antilles anglophones. À Ojo de Agua, l'atmosphère évoque la lointaine Afrique avec ses huttes à flanc de colline, ses palmiers et ses zébus. Puis, la route se faufile dans la pointe occidentale de la sierra Maestra. C'est à cette extrémité, sur la plage de Las Coloradas et non à Niquero comme convenu, qu'eut lieu le 2 décembre 1956 le premier épisode de la révolution : le débarquement du yacht *Granma* et de ses quatre-vingt-deux guerilleros. Ce fut en fait un fiasco d'où ne réchappèrent qu'une poignée de révolutionnaires qui parvinrent à se cacher dans la sierra Maestra et organisèrent le maquis. Le site a été, depuis, aménagé en mémorial de l'événement : vous y verrez la réplique du *Granma,* assez convaincante, un petit musée documenté et une cabane abritant une exposition de photos des paysans ayant soutenu les insurgés.
Au-delà de Pilón, la végétation devient semi-aride. L'herbe est rase, les cactus triomphent. Quelques maigres troupeaux de biquettes courent dans leurs enclos. Dans les criques, quelques baigneurs bravent la menace des requins. Plus loin, la

Dernier vestige de la propriété de Carlos Manuel de Céspedes, le mur portant la cloche qui sonna le déclenchement de la première guerre d'indépendance.

Raquettes et coussin épineux jalonnent la route du littoral.

route – il y a peu encore, simple piste défoncée – est aujourd'hui correctement asphaltée. L'ancien chemin des muletiers escalade les contreforts de la sierra, replonge à pic vers la mer, longe vertigineusement la côte. Nous sommes au bout du monde, et pourtant, même ici, il y a des écolières en uniforme sortant d'une école invisible. Quelques cases surgissent à l'improviste. Des mules, des ânes, des chèvres vaquent à leurs occupations. En bas, la houle fait avancer sans répit la mer, combat incessant et vain. Les vagues se déchiquettent contre les flancs acérés des rochers. Et tout redevient embruns, écume. Quelques pêcheurs, en barque, s'aventurent loin des rouleaux.

À El Muerto, le sommet du Turquino est perdu dans les nuages, 1 974 mètres plus haut. El Uvero, site d'une des premières victoires contre les troupes de Batista (1957) est un joli village qui descend en pente douce vers la mer. Il a pour monument historique une petite guérite blanche. Elle fut occupée par les *barbudos* dès le printemps 1957.

La mangrove s'approprie la côte. Des palétuviers plongent leurs racines dans l'eau comme autant de pattes d'araignées. La route poursuit vaillamment son itinéraire jusqu'à Santiago de Cuba.

Infos pratiques

Où dormir
À une centaine de kilomètres de Manzanillo, deux gigantesques hôtels surplombant la mer semblent sortir de nulle part. À Marea des Portillo, vous pourrez passer la nuit pour un prix des plus raisonnables tout en profitant de la plage au sable noir. À Farallon del Caribe, vous profiterez de toutes les activités club (randonnées équestres, balades en bateaux, tennis, piscine, dancing, etc.).

Double page suivante : bohio près de Holguín.

L'est

Santiago de Cuba, l'autre capitale

Réputée pour son carnaval qui a lieu fin juillet, Santiago de Cuba est une ville très animée et vivante, chargée d'histoires et de passions. C'est aussi la véritable capitale du *son*. Pour s'en convaincre, il suffit d'aller faire un tour du côté de la Casa de la Trova (calle Heredia). On y joue de la musique traditionnelle sous la galerie de portraits des grands *soneros*.

Fondée en 1515 par Diego Velázquez, Santiago de Cuba sera, jusqu'en 1553, la capitale de la colonie. La ville jouit d'un emplacement stratégique avec sa baie côté mer des Caraïbes, ses mines de cuivre voisines et ses réserves aurifères (qui tarissent en quelques années). La prospérité de la ville est rapide. En 1516, Diego Velázquez se fait construire une demeure qui servira également de siège de gouverneur. En 1522, sur la même place, les colons font bâtir une cathédrale afin d'évangéliser les indigènes. Le premier maire de la ville est un certain Hernán Cortés, que l'on retrouve plus tard, un peu plus à l'ouest, du côté du Mexique.

Mais la ville traverse bientôt une période tumultueuse et les secousses sismiques ne sont pas seules en cause. Une fois encore, les brigands maritimes convoitent la richesse amassée par les terriens espagnols. Le célèbre Jacques de Sores prend la ville d'assaut en 1554. Les incursions répétées des corsaires conduisent la Couronne à édifier un réseau de citadelles pour protéger les habitants. Le Castillo del Morro est ainsi dressé à l'entrée de la baie au XVIIe siècle.

Une telle protection ne fait pas peur aux Anglais, qui attaquent à leur tour Santiago de Cuba en 1662. Après un mois durant lequel ils incendient les principaux bâtiments, ils se retirent faute de nourriture.

L'épisode historique suivant a lieu plus d'un siècle après, quand le soulèvement de Toussaint Louverture fait fuir, en 1791, quelque vingt-sept mille colons français de Haïti vers les côtes cubaines. En raison de sa proximité, la plupart élisent domicile à Santiago. Ils apportent du sang frais à un métissage déjà très dense (la traite avait apporté des milliers d'Africains, qui allaient donner naissance au fil des générations et des unions mixtes à un dégradé de sang-mêlé), mais aussi des techniques nouvelles pour les plantations de canne et de café. L'économie de la région s'en trouve profondément modifiée. La contribution des Français ne s'arrête pas là. Les balades des troubadours, une danse, la *tumba francesa*, inspirée du menuet, l'architecture de la ville rappellent l'influence de la culture française.

Après avoir participé aux deux guerres d'indépendance, les habitants de Santiago vont être de nouveau aux premières loges de l'histoire cubaine, quand, un certain 26 juillet 1953, en plein carnaval,

La cathédrale de Santiago.

A gauche : sur le chemin de Santiago.

le jeune Fidel Castro lance une attaque sur la caserne de la Moncada. Les mille soldats parviendront rapidement à mater les assaillants. La caserne a été transformée en collège mais garde une partie en musée historique. Une occasion de se remémorer le grand destin de la nation cubaine.

Santiago de Cuba est, avec ses trois cent cinquante mille habitants, une grande ville. Néanmoins, le centre historique assez ramassé peut se visiter à pied en partant du parc Céspedes.

À voir impérativement, la maison Velázquez où le conquistador vécut et gouverna de 1516 à 1530. Ravagée par un incendie en 1990, la demeure a aujourd'hui retrouvé tout son lustre d'antan. À l'origine, le rez-de-chaussée servait de palais du gouverneur, et le premier étage d'habitation. L'influence *mudejar* de la construction est évidente. La galerie surplombant le patio est entièrement fermée de magnifiques panneaux de moucharabieh. À l'intérieur, le plafond de cèdre en caissons utilise la technique de l'*artisanado* mauresque. Dans ces salles d'ombre à peine rayées de lumière, une collection de meubles cubains trouve sa place naturelle. Une forge en pierre dans un coin rappelle le rêve doré des premiers habitants. La maison voisine, plus récente, est de style néoclassique. La cour intérieure blanche et bleue abrite un puits. Les pièces ont un air très Empire. Un piano Pleyel trône dans un coin.

Sur cette même place qu'affectionnent particulièrement les Santiagais de tout âge, un ange plane. Perché au-dessus du porche de la cathédrale, il observe le bal circulaire des jeunes sur la place, les allers et venues des fonctionnaires dans l'hôtel de ville fraîchement repeint. Un peu plus bas, le balcon de Velázquez, aujourd'hui décoré des médaillons des conquistadores, offre une belle vue sur la vieille ville. Velázquez y venait chaque après-midi surveiller la baie. De l'autre côté du parc Céspedes, la rue Aguilera, encadrée d'imposants bâtiments, vous amène au temple-musée Bacardi, richissime famille rendue célèbre dans le

La maison Velásquez. Ambiance intérieure et décorations de la façade sur la rue.

monde entier par ses rhums. Vous découvrirez à l'intérieur d'étonnants souvenirs de voyages, des témoignages des différentes phases de l'histoire nationale et une reconstitution d'une ruelle santiagaise des siècles passés ! Tout à côté, Pio Rosado, le musée du Carnaval est l'occasion de pénétrer dans une autre fastueuse demeure tout en ayant un aperçu, malheureusement statique, d'un des carnavals les plus chauds de la planète (le thermomètre en juillet atteint des records et les reines et leur cour savent soulever l'enthousiasme). Faute de musique endiablée, vous y verrez des costumes, des chars et des instruments. Un peu après, vous tomberez sur une autre place, le parc Dolorés, avec à un angle une chapelle. Un bar en terrasse anime les lieux. Puis promenez-vous dans les ruelles en pente de la vieille ville. La calle Heredia est une des plus pittoresques et vivantes. Le poète cubain naquit dans une de ses jolies maisons le 31 décembre 1803. On peut évidemment la visiter et respirer un exquis parfum de nostalgie. Les maisons à deux étages aux nuances roses ou bleues font penser à quelque dessin d'enfant. La Calle Enramada est la rue commerçante où vitrines et enseignes se succèdent. Dans un des quartiers pauvres, la modeste maison natale du général Maceo ou celle du héros révolutionnaire Frank Pais.

Après la rumeur citadine, le calme du cimetière Sainte-Iphigénie, situé à la périphérie, au-delà de la gare ferroviaire, vous reposera. Vous pourrez y admirer le mausolée de marbre très mussolinien élevé à la gloire de José Martí. Un guide à l'entrée ne manquera pas de vous signaler la tombe du médecin français de Napoléon. La ville moderne, au nord, étend ses vastes avenues bordées d'arbres et d'immeubles. Sur l'avenue Las Américas, l'hôtel *Santiago de Cuba,* conçu par un Cubain, est une véritable curiosité architecturale. Inauguré en 1991, c'est un hôtel de luxe au décor contemporain, très confortable. Au sommet, son bar

A gauche et double page précédente : le castillo del Morro offre une vue sublime sur le port.

Le monumental tombeau de José Martí.

offre un beau panorama d'ensemble. Sa boîte de nuit attire beaucoup de jeunes, qui attendent à l'entrée un touriste sympathisant. La piscine et ses deux bassins sont entourés d'un restaurant sous une tonnelle et d'un amphithéâtre où, le soir, des concerts sont organisés.

Un peu plus loin sur l'avenue, le monument de marbre blanc rend hommage au Che. Tout au bout de la perspective, le monumental théâtre Heredia qui accueille aussi bien le congrès du Parti communiste cubain que le concours international de *son*. Sur cette immense esplanade que sait si bien créer le régime castriste en vue des fêtes révolutionnaires, une colossale statue d'Antonio Maceo, son cheval ruant au-dessus de vingt-cinq machettes, célèbre le courage du général mulâtre mort pendant la seconde guerre d'indépendance.

À l'extérieur de la ville, le Castillo del Morro mérite impérativement votre visite. Sur la route qui longe une caserne, vous apercevrez une ogive nucléaire au repos. Les militaires font signe de passer notre

La caserne de la Moncada, qui fut investie par les barbudos *en 1953.*

chemin. Bientôt, les murs de la forteresse apparaissent. Détruit par les Anglais au XVIIe siècle, le castillo fut reconstruit au début du siècle suivant. Sa situation dominante sur la baie offre une vue superbe sur le port en contrebas, la mer des Caraïbes et la sierra Maestra. Aujourd'hui, cette ancienne forteresse toute de briques et de pierres, de cachots et d'escaliers, de meurtrières et de créneaux abrite un musée de la piraterie. Sachez encore que le phare voisin a été construit par une entreprise française au XIXe siècle.

Des navettes desservent l'îlot Granma d'où la vue sur Santiago est superbe.

À une vingtaine de kilomètres à l'ouest, la Virgen del Cobre est l'unique basilique cubaine. Elle fut édifiée en 1927. C'est un lieu de pèlerinage très vénéré, la Vierge de la Charité du Cuivre étant la patronne de l'île. Son culte est associé à celui d'Ochun, déesse de l'amour de la *santeria*. Le 8 septembre, une foule pieuse vient se recueillir devant la Madone drapée d'or.

Le chemin de croix révolutionnaire

Entre Santiago de Cuba et la ferme Siboney, la route est parsemée de monuments aux morts. Hommage rendu aux héros du 26 juillet 1953.

Plus loin, la ferme Siboney *(granjita Siboneye)* qui accueillit Fidel et ses compagnons à la veille de l'attaque de la Moncada évoque l'épisode sans aucune grandiloquence. Des impacts de balle sont encore visibles sur les murs.

Nous grimpons ensuite à l'abordage de la Gran Piedra, un gros rocher à 1 226 mètres d'altitude. La route tortille à souhait. La forêt subtropicale foisonne d'arbres aux larges feuilles et racines tentaculaires. Après le parking de l'hôtel, la fin du voyage se fait à pied, à la force des mollets, et réserve une vue formidable par temps clair qui peut embrasser Haïti et la Jamaïque. Si une petite faim vous creuse, un restaurant vous accueillera dans ces hauteurs. De retour sur la route, nous poursuivons jusqu'au musée La Isabelica, une ancienne plantation de café fondée par un colon français fuyant la révolution de Toussaint Louverture à Haïti. Nous y découvrons toutes les étapes de la culture et de la fabrication du célèbre breuvage et y goûtons du bout des yeux à l'art de vivre créole opposé au sort misérable des esclaves. Sur cette même route, en redescendant, vous pouvez aussi faire un crochet vers les Jardines de la Siberia, un jardin botanique… tout ce qu'il y a de plus tropical !

De retour en bas, nous arrivons bientôt dans la vallée de la Préhistoire. Scène étonnante où survivent, immobiles, des dizaines de dinosaures grandeur nature. Une aventure artistico-préhistorique lancée par des sculpteurs de Santiago. Univers façon carton-pâte. La plage Daiquiri où fut inventé le célèbre cocktail est tout à côté.

Infos pratiques

Où dormir

Comme toutes les grandes villes, Santiago a une panoplie d'hôtels et de restaurants. Sur la place historique principale, à côté de la cathédrale, le Sofitel Casa Granda dispose de 58 chambres confortables – attention au bruit, néanmoins – et d'une terrasse panoramique sur son toit. Selon vos moyens, vous pourrez choisir le très luxueux et cher Melia Santiago de Cuba, ou, en face, pour une somme modique, l'hôtel Las Américas. Plus à l'écart, vous trouverez le San Juan (trois étoiles) sur la route de Siboney, à deux pas du parc zoologique. L'hôtel Balcon del Caribe, se trouve tout près de la forteresse del Morro, à 7 km de centre-ville et offre une vue admirable sur la mer des Caraïbes.

L'hôtel San Piedra, à 1 200 mètres d'altitude, offre dix-sept bungalows en pleine nature. Idéal pour les randonneurs.

Où manger et siroter

Côté restaurants, on apprécie le cadre très colonial du *1900* (Bartolomé Maso y Hartmann) mais moins sa cuisine. Le bar du *Roof Garden,* au sommet de l'hôtel *Casa Grande,* est très agréable en soirée. Nombreux *paladares* sur la Calle Heredia et dans le voisinage. Ne manquez pas d'aller prendre un café à l'*Isabelica,* un magnifique bar à l'angle des rues Porfirio Valiente et Aguilera.

A droite : de belles demeures anciennes ponctuent les rues de la vieille ville.

Architecture coloniale néoclassique à Baracoa.

Guantánamo et Baracoa

Après avoir dépassé un musée des transports en plein air avec ses Pontiac, Austin, Traction avant et son camion de pompiers, nous entrons dans le fameux parc de Baconao, réserve de la biosphère classée par l'Unesco ! Pour la sauvegarde de la faune et de la flore, ses abords sont protégés par des clôtures.

Puis la route longe la mer. Des cavernes creusées dans la roche ont certainement servi de cachettes aux pirates. Plusieurs plages et hôtels ponctuent le paysage. Un delphinarium et un parc d'attractions années cinquante évoquent d'autres heures. Un village pour artistes cubains avec ses maisons de pierres toutes pareilles dort en plein midi.

Nous nous enfonçons dans les contreforts de la sierra afin de regagner Guantánamo. Le bitume cède la place à la terre ocre. Des contrôles successifs nous rappellent que nous sommes en terrain sous haute surveillance. La base américaine est toute proche. Dans la montagne, un village entier assiste au marquage des vaches.

Guantánamo, très célèbre et controversée base de GIs, évidemment hermétiquement close, présente peu d'intérêt. Le nom évoque aussi la rengaine populaire *Guantanamera,* composée dans les années 1930 par Joselito Fernández et reprise trente ans plus tard par Pete Seeger, puis Nana Mouskouri et Joe Dassin… La route qui conduit à Baracoa est époustouflante. Mieux vaut prévoir une bonne demi-journée pour la faire correctement, profiter de ses paysages tout en ne perdant jamais de vue les caprices de son tracé. Cette voie, percée seulement après 1960, longe d'abord le littoral, ses falaises et ses plages, ses minuscules ports de pêche, avant de bifurquer vers l'intérieur dans les montagnes luxuriantes de la sierra del Purial. Le viaduc de la Farola, long de trente kilomètres, est une vertigineuse prouesse technique. Arrêtez-vous au mirador de Palma Clara et admirez l'horizon de verdure qui se déploie à vos pieds. Enfin, voici Baracoa, un bout du monde comme on les aime. Pittoresque, nonchalant, décalé. C'est ici, en contrebas du sommet tabulaire El Yunque, que Christophe Colomb posa le pied pour la première fois à Cuba (où peut-être était-ce plutôt Gibara cette "montagne carrée" dont le découvreur parlait ?). La cité, dans son splendide isolement, survécut aux siècles. Même les Indiens, disséminés ailleurs, parvinrent à échapper à la disparition : une petite communauté, les Yateras, persiste et signe ! Baracoa se dota de trois forts pour repousser les attaques des pirates et boucaniers : le Castillo, le fort de la Punta et le fort Matachin, convertis respectivement en hôtel, restaurant et musée municipal. À l'église de la Asuncion, fondée dès 1512 et victime de plusieurs incendies, on peut encore voir la croix dite Cruz de la Parra, qu'aurait dressée Colomb à cet endroit précis. Selon des études de datation récentes, cette hypo-

Les camions fournis par le "grand frère" soviétique servent aujourd'hui pour les transports collectifs.
Pages suivantes : pêche au filet en rivière ; cocoteraie près de Baracoa ; Devant la cathédrale de Santiago.

thèse est vraisemblable. Le cœur de Baracoa est la place Parque Independencia, toujours très animée avec ses buvettes et snacks improvisés, qui s'enfièvre le samedi soir au son des orchestres. Sur le Malecón, vous remarquerez sûrement un coquet hôtel jaune vif baptisé *La Rusa* (la Russe). Cet hôtel appartient effectivement à une émigrée russe, une figure mythique de Baracoa. Magdalena Rovieskaya, fille d'un général aristocrate russe ayant fui la révolution de 1917 dans son pays, avait trouvé refuge à Cuba dans les années 1930 et s'était finalement installée avec son mari à Baracoa où ils ouvrirent un hôtel, le *Miramar*. Belle, polyglotte, musicienne, la femme fascinait. Pendant la guérilla, cette "résistante" choisit de soutenir les *barbudos*, et reçut les frères Castro et un certain Ernesto "Che" Guevara, entre autres. Ce destin extraordinaire inspira au grand romancier Alejo Carpentier le personnage de Vera dans *la Consegracion de la Primavera*. Le fils adoptif de la grande dame, décédée en 1978, le peintre naïf René Fromenta, ouvre sa maison (sur Ciro Frias) aux visiteurs.

De Baracoa, vous pouvez partir vers des plages idylliques comme celle de Maguana au nord, plonger avec les enfants du coin à la Bahía de Miel, explorer le río Yumurí, un fleuve encaissé au flux tumultueux, longer le río Toa, le plus grand fleuve cubain ou grimper à l'assaut d'El Yunque…

Infos pratiques

Où dormir

- L'hôtel El Castillo (trois étoiles) mérite bien son nom puisqu'il est effectivement installé dans une ancienne forteresse. De la terrasse, vous embrasserez du regard Baracoa, El Yunque et la baie. Piscine avec zone prévue pour les plus petits. Un coin inoubliable.
- L'hôtel Porto Santo (trois étoiles), niché au creux de la baie, au milieu d'une palmeraie, est une belle réussite architecturale avec ses élégantes arcades et ses toits de tuiles. Calme, verdure et farniente en perspective.

Double page précédente et à gauche : la vallée de la Préhistoire, à l'est de Santiago, sème dans la campagne des reproductions de dinosaures grandeur nature et d'hommes préhistoriques géants construits en béton.

Ci-dessus et double page suivante : deux visions de la basilique de la Virgen del Cobre. Pages 252-253 : la plage entre Santiago et Guantánamo.

Les *cayos* et l'île de la Jeunesse

Tels une parure grandeur nature, cinq archipels ourlent la grande île : mille six cents perles de sable, de rochers et de palmiers flottant dans l'azur turquoise d'une mer chaude et fine et une grande île, l'île de Jeunesse. Si un lieu devait obtenir la palme d'or du tourisme, les *cayos* cubains feraient sans aucun doute partie des sélectionnés. Castro lui-même ne s'y est pas trompé. Après avoir profité largement de l'immensité fluide des abords du Cayo Piedra, il a bien voulu faire partager les bienfaits de sa terre maritime à d'autres, à la condition qu'ils fussent argentés dans une certaine nuance de vert !

C'était au début des années 1980. Cuba allait jouer une nouvelle carte maîtresse, la politique touristique tous azimuts. Dix ans après, le jeu, s'il n'est plus entièrement dans les mains cubaines, est, en tout cas, très largement positionné sur les précieux *cayos*. D'ailleurs, s'il n'en tenait qu'à Fidel, les vacanciers occidentaux arriveraient directement sur le toit de leur hôtel perdu au milieu de la mer, dépenseraient des centaines de dollars puis repartiraient chez eux sans avoir rencontré de Cubains hormis le personnel hôtelier. Ainsi, il n'y aurait pas de risque de contamination capitaliste, simplement une transfusion de dollars.

Si la plupart des *cayos* sont encore déserts, certains sont donc désormais des destinations touristiques importantes, comme Cayo Largo (dans l'archipel des Canarreos) ou Cayo Coco (dans l'archipel de Camagüey). Heureusement, un souci écologique a permis jusqu'à présent à la nature de sauvegarder ses droits. Rien à voir donc avec le bétonnage intensif de certains morceaux de côtes méditerranéennes. En arrivant dans ces îlots du bout du monde, vous vous sentirez à cent lieues de la civilisation trépidante. La mangrove et le sable fin s'étalent sur un paysage à l'horizontale.

A droite : le sourire de la jeunesse cubaine. Ci-dessous : la route menant à Cayo Coco, un lien on ne peut plus direct entre deux îles.

Un coin de plage à Cayo Saetia.

Aucun building ne vient rompre ce calme plat. Un vol de flamants roses enflamme un coin du ciel, des hérons aux pattes frêles semblent marcher sur les étangs d'eaux salées. Cachés dans les mangliers, iguanes et caïmans captent avec volupté les rayons du soleil.

Historiquement île des Pins (l'île était couverte de pins casuarina), l'île de la Jeunesse (Isla de la Juventud) fut longtemps utilisée comme terre d'exil pour les opposants. L'île offrait l'avantage d'être peu peuplée et donc plutôt inhospitalière. La première et unique localité, Nueva Gerona, fut fondée seulement en 1830. Au XIXe siècle, José Martí, alors jeune indépendantiste, y sera relégué. Plus tard, le gouvernement Machado y fera construire un pénitencier modèle *(Presidio Modelo)* dont le plus illustre pensionnaire ne sera autre que Fidel Castro en personne. Après la révolution, celui-ci voudra tirer un trait sur le passé geôlier de l'île d'où l'idée de la dédier à la jeunesse. On y créa nombre d'écoles, de colonies de vacances, on y lança des chantiers attirant des volontaires de tous les pays…

Cette grande île toute ronde de cinquante-cinq kilomètres de diamètre est située à une centaine de kilomètres au sud de la péninsule de Zapata et égrène à l'est les îlots de l'archipel de los Canarreos. Mecque de la plongée, elle attire surtout les visiteurs sous-marins qui pourront explorer les cinquante-six sites recensés sur sa côte sud-ouest. Pour ceux qui préfèrent les paysages au grand air, ils pourront faire un tour à Nueva Gerona, son Parque Central avec son inévitable église (Nuestra Señora de los Dolores datant de 1929) et sa non moins inévitable maison du gouverneur, désormais convertie en musée municipal, ainsi que son musée de la Lutte clandestine. Pour le reste, il faudra louer une voiture et se promener dans les collines plantées d'agrumes des environs. Deux lieux de recueillement ou d'histoire seront à inscrire au programme : la Finca El Abra, tout près de la ville, accueillit pendant deux mois le jeune José Martí, et la prison-musée Presidio Modelo, énorme complexe de deux mille cellules réparties dans quatre blocs cylindriques, garde encore les souvenirs des détenus. Au sud-est de l'île, les grottes de Punta del Este ne peuvent être vues que dans le cadre d'une visite guidée. Dans ces sept cavités, des peintures rupestres ornent les parois de pictogrammes précolombiens. Vers le sud, la Ciénaga de Lanier est un immense marais protégé (on n'y pénètre qu'avec une autorisation spéciale), sanctuaire écologique où vivent tranquillement des foules d'oiseaux mais aussi des crocodiles. Au bout d'une route chaotique, le *Cocodrilo* est une ferme-élevage qui peut être visitée.

À Cayo Largo, relié par avion à La Havane, seul un village de pêcheurs symbolise la vie cubaine. On raconte que l'endroit aurait été découvert par Castro par accident : une panne d'hélicoptère l'aurait contraint à s'y poser en urgence. Avec ses 38 km² disposés tout en longueur, l'îlot corallien étale des plages idylliques, Playa Sirena tout à l'ouest, protégée du vent, Playa Blanca, Playa Los Cocos et enfin Playa Tortuga où pondent les tortues de mer entre mai et septembre, se succédant sur la côte sud. L'implantation hôtelière est concentrée sur quelques kilomètres autour de Playa Lindamar et réserve ainsi de belles parts à la nature sauvage. En plongeant vers la barrière de corail, on peut parfois apercevoir un spécimen à quatre pattes et carapace. Trois espèces fréquentent les lieux : les tortues perroquets, les tortues à dos vert et les *carreta-carreta*. On peut également leur rendre visite au parc des Tortues, une sorte de pouponnière qui veille à protéger ces espèces menacées.

Dans la province de Ciego de Avila, côté Atlantique, Cayo Coco est relié par une route à l'île principale, au départ de Morón. Ce cordon ombilical, long de dix-sept kilomètres, mène à plusieurs hôtels-clubs. Vous pourrez y pratiquer, dans un décor tropical et ensoleillé, tous les sports nautiques de votre choix, du volley-ball, du tennis, du ping-pong, mais aussi améliorer votre hâle et votre maîtrise des échecs. Une halte donc indispensable pour les amoureux de la nature (près de cent soixante espèces d'oiseaux croquent à qui mieux-mieux les hordes de moustiques sans pour autant parvenir à les décimer), les amateurs de farniente ou de sport nautique à haute densité ! Toujours relié par une digue, Cayo Guillermo se trouve à quelques encablures plus loin. Cet îlot de 13 km² possède de belles plages léchées par un lagon limpide que protègent les récifs coralliens. De nombreux lacs d'eau douce abritent une faune qui fera le bonheur de quelques pêcheurs. En revanche, là comme sur le *cayo* voisin, la flore – la mangrove – n'incite guère à la promenade.

Les plans d'eau des cayos sont peuplés de flamants roses (en haut) et d'autres échassiers, telles (à droite) ces spatules tout aussi roses.

Infos pratiques

Où dormir
- Hotel Colony, Playa Roja, Isla de la Juventud. Rendez-vous des plongeurs. L'eau est truffée d'oursins et le bâtiment date des années 1960, autant dire que, si vous n'êtes pas un fana du masque et bouteilles, vous n'avez aucune raison de vous appesantir dans les parages. Le club *Colony,* situé à deux kilomètres de l'hôtel, propose des forfaits plongée à la journée et des stages.
- Sol Club, Cayo Largo, le dernier-né de l'hôtellerie locale. Trois cents chambres logées dans de petites maisons à deux étages au bord de la jolie Playa Sirena. Formule tout compris. Piscine, base nau-

tique, tennis…

- Sol Club, Cayo Coco. Un hôtel-club spacieux et confortable situé sur la magnifique plage de Las Coloradas avec quelques bungalows sur pilotis les pieds dans l'eau. Deux cent cinquante chambres, deux piscines, sauna, jacuzzi, mini-club et tous les équipements habituels de ce type d'hôtel.

- Hotel Tryp, Cayo Coco. Le *nec plus ultra* de l'hôtellerie. Tout y est hyperlatif : la taille de la piscine, le nombre d'animateurs, le sourire de la serveuse, le prix en haute saison !

- Hotel Iberostar Daiquiri. Au sein d'un parc de six hectares, quelque trois cents chambres disséminées à l'orée de la plage.

Hôtel à Cayo Coco

Informations pratiques

Organiser son voyage

Adresses utiles
- Ambassade de Cuba.
  16, rue Presles, 75015 Paris.
  Tél. : 01 45 67 55 35
- Office du tourisme de Cuba.
  280, bd Raspail, 75014 Paris.
  Tél. : 01 45 38 90 10
- Maison de Cuba.
  9, rue aux Ours, 75003 Paris.
  Tél. : 01 42 76 93 26
- Ambassade de France à Cuba.
  Calle 14, n° 312, Miramar,
  La Havane. Tél. : 33 21 32

Bagages

Les pannes de courant étant justement… courantes à Cuba, glissez dans vos affaires une lampe de poche avec piles. Même si vous partez à la saison la plus chaude, emportez avec vous un sweat-shirt. La climatisation, dans certains restaurants, est plutôt réfrigérante ! Un dictionnaire franco-espagnol de poche peut s'avérer utile pour tous ceux ne maîtrisant pas la langue de Cervantès. Emportez également vos pellicules photographiques (100 ASA), une trousse de médicaments garnie et vos crèmes solaires et antimoustiques. Pour distribuer autour de vous, savons, shampooings, stylos-billes, cahiers, médicaments seront toujours bienvenus.

Compagnies aériennes

- Cubana de Aviacion.
  Tél. : 01 53 63 23 23
- Air France. Tél. : 0820 820 820
- Corsair. Tél. : 0825 000 825

Décalage horaire

L'heure locale est en retard de six heures par rapport à l'heure française. Il est six heures du matin à La Havane quand il est midi à Paris.

Quand partir ?

Comme dans tout l'arc caraïbe, il n'existe pas à Cuba de saisons au sens "tempéré" du terme. En revanche, on distingue deux périodes : la période sèche, plus fraîche, de novembre à avril et la période humide, plus chaude, de mai à octobre. Les vacances scolaires locales ont lieu en juillet-août, mois particulièrement étouffants en raison de l'effet combiné de l'humidité et des maxima de température. En septembre-octobre, le risque des cyclones n'est pas à négliger, même si leur occurrence éventuelle est bien signalée sur place et que toutes les précautions sont prises. Les mois de décembre-janvier sont, au contraire, exquis. Et d'autant plus qu'après avoir été interdit pendant quatre ans, le carnaval a de nouveau droit de cité le 31 décembre. Sur le Malecón, s'il vous

A gauche : les allées menant aux grands domaines agricoles et à certains hôtels sont parfois bordées de majestueux palmiers royaux.
A droite : les plages tropicales de Cuba se dotent aujourd'hui d'infrastructures hôtelières de haut standing.

Le vélo-taxi, un transport pittoresque.

plaît ! Sachez enfin que la mer reste toujours au-dessus de 25 °C.

Quelle formule choisir ?

Cuba est devenu une destination de choix pour les tour-opérateurs. Ils sont donc désormais nombreux à vous proposer des circuits organisés ou bien des voyages à la carte. Passer par eux permet d'obtenir des prix préférentiels dans des hôtels internationaux et de ne pas avoir à se soucier des points de chute. Les aventuriers préféreront peut-être partir à la découverte de cet archipel en toute liberté.

Quelques ouvrages

En dehors des romans conseillés dans le chapitre consacré à la littérature, vous pouvez vous imprégner de Cuba à travers le beau livre *Mésaventures du Paradis* écrit par Erik Orsenna et illustré de photos de Bernard Matussière (Le Seuil), le *Carnet de voyages à Cuba, en attendant l'année prochaine,* de Marc Trillard avec des clichés noir et blanc de Philippe Giraud (Vilo). Pour mieux connaître le contexte politique du pays, l'ouvrage *Cuba, la faillite d'un régime* d'Olivier Languepin paru en 1999 (Gallimard) analyse avec finesse les rouages du système, tandis que *Fin de siècle à La Havane* de J.-F. Fogel et Bertrand Rosenthal (Le Seuil), paru en 1993, procède à une autopsie en règle du régime, mais s'arrête malheureusement à l'affaire Ochoa.

Les formalités

Aucun vaccin n'est nécessaire, les grandes maladies endémiques ayant été éradiquées.
Une "carte touristique" est demandée à l'entrée du pays. Pour l'obtenir, il faut s'adresser au consulat de Cuba (Tél. : 01 45 67 55 35). Cette carte coûte vingt-cinq euros et est valable un mois, renouvelable sur place un mois en s'adressant au Bureau de l'Immigration, calle 20, entre 3 et 5 Miramar, à La Havane. Si vous passez par un tour-opérateur, celui-ci se chargera de ces démarches. Au départ de Cuba, vous devrez verser une taxe de sortie de 20 $ à l'aéroport avant d'embarquer.

Tour-opérateurs

Cuba est un pays si riche que de nombreux tour-opérateurs proposent à leurs clients des voyages à thème.
Les "spécialistes" de la destination :
• Havanatour
16, rue Drouot, 75009 Paris.
Tél. : 01 48 01 44 55. www.havanatour.fr

*A droite : un marché artisanal
à La Havane.*

C'est le premier tour-opérateur à s'être lancé dans l'aventure, il y a tout juste vingt ans. Spécialiste de la destination, il propose pas moins de six circuits-découvertes et dix-sept séjours balnéaires sans parler des services à la carte innombrables.

• **Marsans International**
49, avenue de l'Opéra, 75002 Paris.
Tél. : 0825 031 031. www.marsans.fr
Ce T.O. spécialiste des destinations de langue espagnole propose pas moins de quatre circuits en autocar, quatre combinés (La Havane/Varadero ou Santiago ou Cayo Largo ou Cayo Coco), un autotour, trois séjours balnéaires et plusieurs formules à la carte.

• **Roots Travel**
85, rue de la Verrerie, 75004 Paris.
Tél. : 01 42 74 07 07
www.rootstravel.com
Pour sortir des sentiers battus, cet organisme propose des séjours chez l'habitant et des stages (danse, musique) ainsi que des formules plus classiques, des vols secs avec simplement une nuit d'hôtel à l'arrivée…

Sur place

Attention

À Cuba comme dans tout voyage, il y a certaines précautions à prendre.
Tout d'abord, évitez de garder sur vous passeports, billets d'avion et argent liquide. On ne vole pas plus ici qu'ailleurs, simplement, en tant que touriste, on a plus à perdre !
Méfiez-vous des rabatteurs en tout genre qui prennent une commission sur chaque service rendu et négociez plutôt en direct (table et chambre d'hôte, taxi privé…).
La consommation et la possession de drogue étant interdites ici, ne cédez pas à la tentation, si tentation il y a. Les sollicitations sont nombreuses, mais vous risquez de terminer au poste.
Évitez de boire l'eau du robinet. Bien que potable, elle ne s'accorde pas à tous les estomacs.

Depuis une décennie, la prostitution s'est développée à vive allure. Baptisés *jinateras* (cavalières) ou *pingueros* (cavaliers), des jeunes femmes et jeunes hommes échangent leur intimité contre dollars sonnants et trébuchants. Ce ne sont pas des professionnels mais des personnes lambda cherchant à améliorer leur quotidien ou rêvant de se marier avec un étranger. Les autorités mènent une chasse sévère à ce phénomène avec plus ou moins d'efficacité. Le Sida fait ici aussi ses ravages. Alors, si le charme d'une jolie danseuse vous fait tourner la tête, pensez-y.

L'hébergement

Les hôtels cubains ne cesseront de vous étonner. À La Havane, vous aurez le choix entre les hôtels classiques de la fin du XIXe siècle, les châteaux-hôtels des années 1920-1930 ou encore les grandes tours style 1950. Depuis que des investisseurs étrangers ont entrepris de rénover ces

Certains véhicules roulent depuis l'époque de la prohibition.

palais touristiques, les décors kitsch ou rococo sont encore plus saisissants. Dans les stations touristiques comme à Varadero ou à Cayo Coco, on a construit d'immenses complexes hôteliers ultra-modernes ou d'inspiration exotique avec bars, piscines, salles de musculation et tous les accessoires des séjours-clubs. Ailleurs, vous trouverez des hôtels autrefois réservés aux Soviétiques et Européens de l'Est en villégiature ou encore aux militaires en vacances. Un réfrigérateur ronfle comme un bœuf dans un coin, la climatisation donne des signes de faiblesse, l'eau chaude est pour demain, le restaurant ressemble à une cantine avec ses toiles cirées et son éclairage au néon… Mais ici, le dépaysement est vraiment à l'image de la réalité cubaine.

Les transports

Depuis la période spéciale et les réductions drastiques en approvisionnement énergétique, les transports cubains sont en pleine crise. Le réseau routier, très dense, est aujourd'hui mal entretenu et les nids de poule ont des tailles dignes des autruches. Ce n'est pas la peine de penser au train, poussif, sale et aux horaires plus que flous, ni aux autocars locaux. Laissez plutôt la place aux Cubains qui aujourd'hui ne disposent souvent que de cette seule solution. À La Havane, les autobus appelés *guaguas* sont surchargés et les files d'attente désespérantes. Le parc souffre non seulement du manque de pétrole mais aussi de la rareté des pièces de rechange. Résultat, les Havanais, dont les voitures – quand ils en avaient une – ont bien souvent rendu l'âme, sont contraints de faire du stop ou du vélo pour se rendre à leur travail. Bref, pour résumer la situation, il suffit de dire que les rues havanaises ont depuis peu des allures pékinoises et que les routes cubaines sont plus souvent empruntées par des charrettes et autres carrioles que par des automobiles.

Vous l'aurez compris. À Cuba, il vous faudra soit louer une voiture, soit voyager en avion (les liaisons internes entre les grandes villes sont fréquentes et peu onéreuses) ou en taxi officiel ou privé. Les courses en *particulares* coûtent à peu près autant que les officiels, mais ils tombent plus souvent en panne ! Avec eux, n'oubliez pas de négocier le prix dès le départ. Par ailleurs, vous trouverez aisément des taxis officiels à la sortie des aéroports ou des hôtels. Dans certaines villes, et notamment à La Havane, un nouveau moyen de locomotion a vu le jour : le vélo-taxi qui accueille un ou deux passagers. Bien pour les petits trajets.

La location de voiture est sans doute la meilleure solution pour ceux qui désirent visiter le pays. Les tour-opérateurs proposent souvent des locations de véhicule sans chauffeur (itinéraire libre, à vous d'organiser le circuit et l'hébergement), voire des autotours (avec itinéraire prédéterminé et réservation de chambres). Cette dernière formule offre l'avantage de

A droite : les abords des plages sont aussi des lieux de rendez-vous des belles américaines. Double page suivante : téléphones publics à La Havane.

la sécurité. Attention au contrat, si vous entreprenez le grand tour de Cuba, prévoyez un contrat à kilométrage illimité et vérifiez l'état des pneus. Sachez aussi que vous trouverez facilement un *Cupet* (Elf cubain) dans la plupart des agglomérations. Toutefois, n'hésitez pas à remplir un jerrican d'essence si vous devez traverser des régions peu habitées.

La monnaie

La seule monnaie touristique est le dollar. À tel point que le gouvernement a édité des ''pesos touristiques'' qui sont à exacte parité avec la devise américaine. Ne vous inquiétez donc pas si l'on vous rend dans un hôtel ou un musée ces billets cubains. Vous pourrez les utiliser dans n'importe quel autre lieu destiné aux étrangers.

Il faut savoir en effet qu'à Cuba deux réseaux de diffusion fonctionnent : celui réservé à la population locale dominé par le livret de rationnement *(la libreta)* et le peso cubain (dont le cours au marché noir varie ; il est actuellement de 1 $ pour 20 pesos), l'autre ouvert aux détenteurs de dollars (autorisés depuis quelques années), qu'ils soient étrangers ou nationaux. Il vous sera donc très difficile d'accéder au premier réseau, même si vous désirez juste boire un café ! Les cartes de crédit (exceptée l'American Express) sont acceptées dans tous les services liés au tourisme. Pour retirer de l'argent liquide, vous devrez soit en prendre à un distributeur automatique (ils sont encore rares à Cuba et concentrés sur La Havane), ou bien directement dans une banque en vous munissant de votre carte de paiement et de votre passeport. Les banques sont ouvertes en principe de 8 h 30 à 15 heures du lundi au vendredi.

Le téléphone

Malgré l'état défectueux des lignes locales, les liaisons internationales marchent correctement à partir des hôtels. Attention néanmoins à la note. Le tarif de base est d'environ 8 $ la minute. De Cuba, pour téléphoner en France, il faut composer le 119 puis le 33. De France vers Cuba, il faut composer le 00 suivi de 53, puis l'indicatif de la ville (7 pour La Havane) et le numéro du correspondant.

Les médias

Seul quotidien cubain, le *Granma* (du nom du yacht ayant transporté les révolutionnaires en 1956) est l'organe officiel du pouvoir. Vous pourrez trouver des versions françaises. La télévision hésite entre les retransmissions de discours gouvernementaux, les nouvelles sous haute surveillance et les télé-novellas latino-américaines.
Sur la place d'Armes, essayez de trouver des vieux numéros de la revue *Bohémia* histoire d'y voir un Castro jeune et démocrate.

La santé

Le système de santé cubain fut longtemps source de fierté du castrisme, une preuve éclatante du bien-fondé de la révolution.

Ci-dessous : qu'ils datent des années cinquante, de la Seconde Guerre mondiale ou même d'avant, tous les engins motorisés sont entretenus de manière à assurer leur mission le plus longtemps possible…
Page de gauche : le base ball est le sport national cubain.

Aujourd'hui, il souffre néanmoins des effets de la crise économique et, si les praticiens sont bien formés, les conditions de travail et l'approvisionnement en médicaments laissent à désirer. Néanmoins, si vous tombez malade sur place, vous pourrez consulter un médecin (consultation payante) et vous procurer dans une pharmacie les remèdes prescrits. En cas de problèmes plus graves, mieux vaut prévoir une assurance rapatriement et rentrer en France.

Carnaval à Santiago.

Les fêtes cubaines

1er mai : la fête du Travail évidemment ! Et des processions de fidèles travailleurs et citoyens.

Du 1er au 25 juin : festival de Boleros de Oro. Tous les chanteurs de bolero dans les théâtres de La Havane.

26 juillet : fête officielle à l'occasion de l'anniversaire de l'attaque de la Moncada. Fanfares et flonflons.

Août : la musique investit les rues.

Novembre : festival international de Ballet. Marathon de La Havane et de Varadero. Tournoi international de pêche à la marina Hemingway.

Du 1er au 15 décembre : festival du cinéma latino-américain.

31 décembre : carnaval et Saint-Sylvestre.

La politesse

Essayer de parler espagnol est la première règle de savoir-vivre. En désespoir de cause, sachez faire preuve d'humour à force de gestes, de mimiques et d'un charabia international. Les Cubains adorent les blagues. Parler du régime et de Fidel Castro est encore mal vu. Vous pourrez aborder le sujet dans l'intimité et en faisant preuve de subtilité. Ne soyez pas avares de sourires et ne vous offusquez pas si l'on vous siffle dans la rue. Cela fait partie de l'art de vivre cubain. Le stop est un moyen de transport comme un autre à Cuba, alors faites un geste et répétez-le le plus souvent possible, on vous en sera reconnaissant.

Que rapporter

Les classiques : le rhum et les cigares. À la douane, sachez que vous êtes autorisé à rapporter de Cuba deux bouteilles de rhum et soixante cigares par personne. Vous pourrez aussi rapporter une belle chemise blanche amidonnée et surpiquée (la fameuse *guayabera*). Côté artisanat, vous trouverez quelques pièces en bois sculpté, des articles de maroquinerie, de la dentelle...

De retour en France

Depuis quelques années, les bars à la mode cubaine se sont multipliés et l'on peut boire des *mojitos* à la terrasse d'un café à Paris, Lille, Marseille ou Clermont-Ferrand. Si vous êtes dans la capitale et que vous avez le blues du ciel bleu et de la salsa, rendez-vous à la *Boguedita del Medio*, rue des Lombards. Certes, vous ne serez pas dans la moiteur des nuits havanaises, mais avec un peu d'imagination et quelques gorgées de rhum Habana Club...

Les auteurs et l'éditeur
tiennent à remercier chaleureusement
les sociétés Corsair, Fram et Havanatour
pour l'aide qu'elles ont aimablement apportée
à la réalisation de cet ouvrage.